悅我人生

（詩・墨集）

林 詩 治（林葉）著

Authy：Lin Shih-Chih（Lin Yeh）

文史哲出版社印行

The Liberal Arts Press

國家圖書館出版品預行編目資料

悅我人生：詩，墨集 / 林詩治著，-- 初版. –
臺北市：文史哲，民 95
面；　公分. --（文史哲詩叢；75）
ISBN 978-957-549-686-9 (平裝)

851.486　　　　95019805

文史哲詩叢 75

悅我人生

著　者：林　詩　治（林　葉）
出版者：文　史　哲　出　版　社
http://www.lapen.com.tw
登記證字號：行政院新聞局版臺業字五三三七號
發行人：彭　正　雄
發行所：文　史　哲　出　版　社
印刷者：文　史　哲　出　版　社
臺北市羅斯福路一段七十二巷四號
郵政劃撥帳號：一六一八〇一七五
電話886-2-23511028・傳真886-2-23965656

實價新臺幣二四〇元

中華民國九十五年（2006）十一月二十日初版

ISBN 978-957-549-686-9
ISBN 957-549-686-8

行雲流水 人我同悅

——「悅我人生」自序

像行雲，
如流水，
欣欣向自由；
有目標，
行正義，
堅毅往上游。
喜我所喜，
愛我所愛。

人生，能如此悅我的同時，也兼顧悅人，已悅悅人，人我同悅，才是上乘；不能，至少也要有此存心，自我期許，向上提升。

寫作是我的興趣，因此，自少起始，至今已歷經五十七個春秋，用「投稿」來作自我檢驗，時時以「學生」自居，面對編輯，就如同面對老師，總希望得「高分」——在報刊上發表。不斷的發表，就有不斷的小小喜悅，這「小悅」又催出了不少作品。又因爲我離「教」從「公」，覺得：作品是個突破時空限制的「報材」，有不中斷的作品刊登，又好像並沒有間斷了我身爲知識分子之一應有的責任，而更認眞的要求作品的精純度，何況「詩教」還可以「化俗」。當然，更早，較多的散文的寫作，也具有同樣的心境。

也因爲如此，我又隨時充實自己——勤讀、勤聽、勤觀察，走向群眾，體認生活中的點點滴滴，虛心地「博採」，讓心靈上有更豐富的營養。

朋友問起我的筆名——林葉，我記起了往事：一九五六年四月，我離「教」從「編」——從此，不是審稿、改稿就是寫作，一九六五年十二月八日，中央副刊發表了以「詩」爲名、以「林葉」爲題的這篇散文，從此，就決定以此爲固定的筆名。爲了「大眾之友」月刊，曾到過余光中兄廈門街的家邀稿，自己寫的散文也像光中兄的新詩，在「中副」每投必中，孫主編還把拙文中的語片選刊爲「中副語花」，而由中譯的「改寫」稿「教師之歌」也在「中副」刊出，在當年認稿不認人，「三十選一」的嚴篩選稿時段，眞是「榮」莫大焉；後來負責「中國語文」編務的王鼎鈞兄因我寫的「成語教學……」一文到我的賃居處——漳州街訪談，一九八五年榮獲教育部文藝創作獎（歌詞）之後，翌年，因在國父紀念館「我愛台北」歌詞得首獎領獎時，才有緣見到現已八十五高壽、三千多作品的莊奴詞長寒暄了幾句，寫過「公文改革」的專題研究覆審評爲可作「教材」，王安博神父函讚拙編「名人治家菁華」謂「深獲我心」，主編的雜誌也榮獲「優良」刊物的獎勉……等等文事悅我的小故事，都教我難忘而添加了向上滋長的動力，就像雲行天上，看到人間呈現出許多葉綠花紅。

在競逐功利的今天，有彭正雄先生這樣勇敢地爲作家們出版詩集，宛如在眾多大學中的冷門科系創設了講座，的確可喜，在此深表敬意之餘，我要申說幾句：我崇尚自由創作，不拘泥於格律，但，詩人要具有哲學修養，通人性、有知性，有感性，並重視詩的音樂性，隨時提升自我、鞭策自己，把學養昇華，隨著時代的脈動、社會大眾的腳步而創作，才有好作品的產生。

比如說「豆棚閑話」（小說）的那首「邊調歌兒」，它爲明末流寇作亂時寫出了民間內心的吶喊：

老天爺：你年紀大，耳又聾來眼又花——
你看不見人，你聽不見話。
殺人放火的享盡榮華，吃素看經的活活餓殺！
老天爺：你不會做天，你塌了吧！你不會做天，你塌了吧！

它是多麼的傳神，作者，用筆代表喊出了大眾的心聲。

即使遭遇挫折、艱辛與苦難，也堅強地展露出您的笑容吧！希望您在「笑影」裏引出些兒思緒；「詩作」——本書的主軸，是現代人寫現代詩，它是與傳統詩相對而言，不談詩的流、派與新舊；「墨趣」是我平日鈔錄的好詩、好詞，未曾刻意求工，只是信筆揮毫而已，書名跟三大單元的字兒是前人「墨寶」的集字，是碑帖中精選的組合，並非出自一人手筆，欣見中華書法藝術之美，對這些國之瑰寶，彌感珍貴。

這本集子是作者跨越半世紀的處女作，有不成熟的地方，誠摯的請讀者、先進不吝賜教；信寄「台北郵政十四——三二六號信箱收轉」，期求更上層樓。人生苦短，常自勉把時間作最好的運用，才會「快活」而有意義。謹錄元代詩文散曲的名作家盧摯所寫的「折桂令」（曲）共勉：

想人生七十猶稀，百歲光陰，先過了三十；七十年間；十歲頑童，十載尩羸，五十歲，除分晝黑；剛分得，一半兒白日，風雨相隨，兔走烏飛，仔細沉吟：快活了便宜。

要「快活」也許是談何容易，但願一本「眞善美」的寫作原則，想好了，就往前走吧！朋友：祝福您。「讀詩千首，不作自有。」多讀又多寫，好讓詩壇常春，綻放出許許多多更絢爛的花朵，結出更豐碩的果實。

林詩治　中華民國九十五年
（二〇〇六）五月十六日凌晨

悅我人生 目錄

【三】紀念的

【四】景 物

【五】童 詩

應用詩・題詞・聯

墨　趣

跋

笑影

上、中：白雲朵朵伴飛行
（作者在台北→首爾機上拍）

下：浩浩長江流日夜
（作者乘輪由武漢→三峽→重慶）

：全國作家的盛會
（左：作者．中：莊政
右：衛國）

：多好的師生
（台北大直）

：春節聯歡在士林
（右：堯安．
左：師堯伉儷）

蕉扇衲衣笑嘻嘻（高僧濟公雕像·杭州靈隱寺）

開元寺鎮國塔——親人同遊（泉州·前中：敬恒）

硯友相聚（中：文坤伉儷）

自強活動巧相遇（中：作者　左：華生　右：勝

芳鄰之樂（左：唐苔萍）

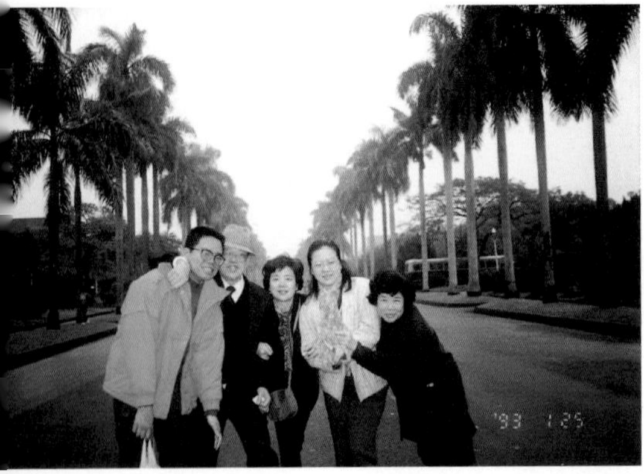

椰林大道（台灣大學）

清水斷崖（蘇花公路）

願人長久（左3：三兄七秩歡聚　後右：裕民伉儷）

竹解心虛是吾師（南園）

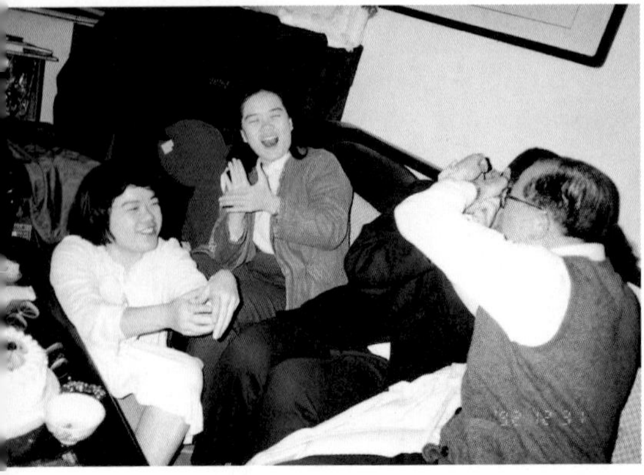

笑得多開心（右1：作者）

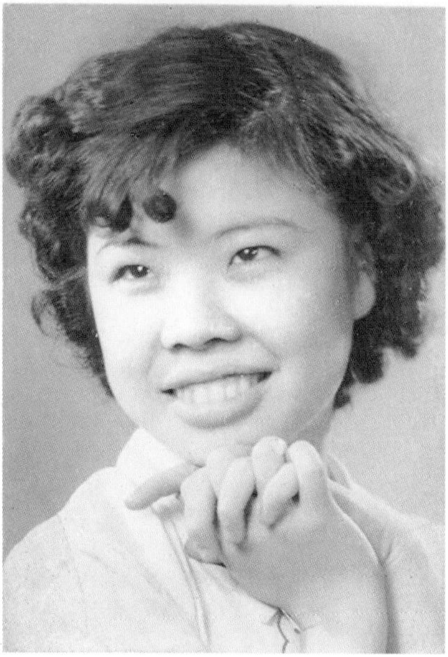

像一朵花嗎（式敏 19 歲）

得意的微笑（作者三兄）

首爾北岳天麓（韓）

日月潭畔（青年活動中心）

黃家姊妹重相逢（南橫利稻山莊）

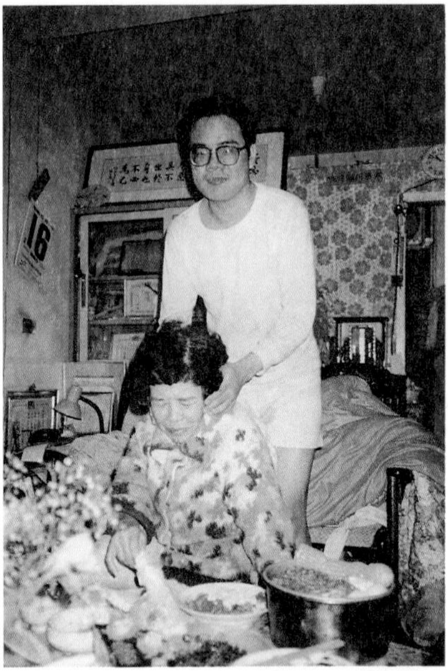

子逗母笑樂天倫

歡笑的童年（理仙弟姊・燕明拍）

母女雙O（型）

上：登上雪山主峰（作者）
（高 3884 公尺）

中：大霸尖山頂
（高 3570 公尺）
（作者前排左 1）

下：加利山上（右：曲滋涵）
（高 3111 公尺）

記起裹腿共硯的時光（南師軍訓在詩山）（第 2 排左起 7：作者）

難忘的杏檀夥伴（台北市立女中）（前排左 8：何江山，第 3 排左 3：作者）

姑蘇城外寒山寺（左 1：作者）

樹林之戀

哥弟倆（左：作者二兄）鼓浪嶼渡輪

九族文化村（日月潭一景）

老子石雕（晉江市清源山・莊錦富）

家人海浴（淡水沙崙）

上野公園的櫻花（東京）

星·馬同遊

（左起：子生伉儷·憲章·林濟、作者、庶金）

淡水河口暮色好（左：思源·中：素娥·素雲）

湄南河畔（泰）

年終聚餐樂（作者舉杯祝福）

黃山古松（作者夫婦）

萬里長城外月桃花（八達嶺）

西湖畫舫（杭州）

迎接勝利（V）（夏威夷）

灕江山水甲桂林（廣西）

上：首爾景福宮一景（韓）

中：曼谷玉佛寺（泰）

下：東本願寺（日）

首爾（漢城）雙巨廈

自由的崇拜（美·林肯像 前：立明）

作者著韓服（景福宮前）

上：太魯閣燕子口（作者）

中：在蓮花池畔
（台北植物園）

下：三姊妹，像嗎？
（中：蒨明）

遊輪如巨廈（長江三峽·作者拍）

原住民的女性穿著

（烏來瀑布）

虎跑泉（杭州西湖）

東海大學校園小憩（台中）

凡爾賽宮太陽王（巴黎·立明拍）

魚游之樂樂何如（杭州西湖）

像倒立的酒桶嗎？（大霸尖山近景）

詩作

現代詩

【一】綜合的

笑

笑，是簇玫瑰花兒
甭問是玉貌、還是朱顏
蓓蕾一開，就已使人欣羨①

笑，像彩雲翩翩
飄移在高高的藍天
好比風兒拂過花畦、蓮苑

笑，像樂曲的旋律
迴蕩在我的腦海
一忽兒，又徘徊到我胸懷

笑，是個友誼的車站
雖說是片刻的停靠
旅客，轉眼就出了天橋

笑，是份健康的日報
只要常掛臉兒上
總教妳病惱閃躲、青青年少

笑，是首十四行詩
眼波剛纔泛過酒渦
甜密又隱含在妳對我眽眽

睜開了睡眼
笑一笑
鳥兒吱吱喳喳，說
「早早！早！早！」

跨出了户外
笑一笑

新空氣，涼醒了我細胞

緩步走綠道
笑一笑
嫩草兒，晃動細腰左右輕搖

想起了童年
老師說故事
三人行論「道」大笑
　竟怯退了老虎

爬上了高坡
望一望　哇噻
青青山脈
綠綠草原
河川
蜿蜒迴繞……
「哈哈！哈！哈！」

「好好！好！好！」

露一個笑容，就像
　花兒開在臉兒上
朋友：
　你說呢
看！
春回來了
大地在歡笑

註：①欣羨—喜而欲得也。國語、閩南語均常用之，只是現今文詞並不多見。
②語見「虎溪三笑」。中國內陸深山野谷，自古有老虎襲人爲食之事。

二〇〇六、二

愛

這個字兒十三畫，
　它的樣兒像朵花，
你多付出他回你，
　彼此開心笑哈哈。

這件事兒容易做，
　微笑寬慰輕輕説，
你表現好他學你，
　彼此關懷快樂多。

就像春天的陽光，
　撒下了遍地金黃；
孕育萬物送溫暖，
　帶來活力與希望。

夜露給草木珠翠，
　清晨第一線光輝；
是明眸也是秋水，
　蝶舞芳菲燕雙飛。

> 希望被人愛的，
> 首先要愛別人，
> 同時要使自己可愛。
> ——富蘭克林

教師之歌

我是教師，
工作時，跟孩子們在一起。
他們從許多不同的家庭來到這裏；
有的沉靜，
有的愛鬧，
有的羞縮；
有漂亮的，
有醜陋的；
有的雄心勃勃，
有的自暴自棄，
還有一些特別有才氣；
雖然每個孩子各不相同，
但是，在這世界上，
總有個他的立身之地。
在他要作最後的抉擇之時，
我能夠對他加以輔導、開啓，
同時，我們還得在一塊兒探討，
這樣，將可能找到：
他們的優點和缺點，
那些給他們帶來的事事物物。

我發現，
孩子們的需要各不相同：
這個漂亮的孩子，
受到大家的讚美、欣賞，
甚至於教人妒忌，
她毫不在乎的游蕩著過活兒，
有一天，會看到她，
綺年玉貌消逝而去，
我打算要怎樣幫助她，
去準備，去應付那日子呢？
這個醜陋的孩子，
深藏在孤獨的寂寞之中，
由於這個雕塑、巧妙的雙手，

用泥土所完成的造像，
顯示出沮喪的性格，
我要想法子使他明瞭，
美麗，並不只限於外表。
還有那個孩子，
他上學的時候，
蓬鬆著頭髮——還帶著創傷，
曾經受到酗酒雙親的虐待。
但是，我發現
他對於運用數字，
卻能夠出類拔萃。
這樣的孩子，
我一定要給予幫助、給予獎勵，
可能的話，
我還要在精神上對他有所鼓舞。
每個孩子，都有他的特殊性，
而且都還沒經過琢磨，

光是把他們教得精通計算，
把他們教得熟習本國語文，
那還不夠。
我不能因為在測驗的時候，
他們表現出：
對林肯和莎士比亞的聰明才智有了領悟，
就認為心滿意足。
教育的涵義還要比這個大得多，
因為他們現在是：
怎樣的思想，
怎樣的理解，
以及怎樣的信仰，
這就要使得他們將來變成什麼樣的人。
我是教師，
工作時，跟孩子們在一起，
每天，
我必須對每一個孩子，

用不同的方法實施教學：
今天，
我必須採取嚴厲而毫不寬容的態度，
才能把他們教導得誠實可靠；
明天，
也許我覺得最好改變為和藹仁慈。
為了要塑造一個人的品格，
我必須在工作進行的時候，
運用技能、仁愛和同情。
而且，
一直到每天完了之時，
我還不知道，
我的工作究竟做得怎麼樣。
人類有複雜的心靈，
慢慢兒地在變化，
而且，
一切思想，
為了適應社會的需要，
往往隱藏在虛偽的面具後面。
我所負的任務，
要求我能夠忍耐，
要求我信任孩子們，
更要求我具有恆心。

註：本文爲美國迪克司初級大學校長卜魯恩（A. F. Bruhn）所作，筆者根據於世達先生懸掛在屏東墾丁之教師會館之譯文改寫。

一九七八．九

哲學與教育的目的，在於使人把：
每一天都看成黎明；
每一項挑戰都看成機會；
每一椿困難都看成考驗；
每一種都看成是
爲人類不屈服的創造性的象徵。
——索洛

神遊

銀河的星輝
　是天庭競閃的螢集
海洋的浩渺
　是流水群聚的造景
太空的雲海
　是大氣羽化的顯影

有時候
　就簇擁於蒼穹之上
跟螢群散發些兒微光吧
抑或是
　從萬方匍伏著潛進
踩起步伐同造個遼闊吧
還是在哪時段
　浮游於縹緲、虛空
泳渡澎湃、細嚼繽紛呢

⋯⋯⋯⋯
上窮碧落　茫茫無垠
下探淵泓　淼淼何濱

現在，才是應該勤奮的時候；
現在，才是應該戰鬥的時候；
現在，才是使自己高人一等的時候；
今天不努力，明日徒傷悲。
——湯瑪斯・肯比斯

情爲何物

是一泓清泉
　玉般淨澄清瑩
　默默漫越平疇
　潺潺溜過山壑
是星星之火
　蘊臥你我心窩
　儲精蓄銳暢旺
　一旦燎原壯闊
是秋月光輝
　灑落千山萬水
　偶現雲翳遮掩
　終見銀河星天
是聖潔雪花
　輕盈飄逸瀟灑
　只因憎愛獨自
　引人説癡笑傻。
是——
　兩情相悦，
　來生再許。
是——
　春的蓓蕾，
　夏的玫瑰。
是——
　烈士血，
　英雄淚。

……無罣礙故
無有恐怖。遠離顛倒夢想……
——心經

光，得聚射

看！那東半球的海空上，
正閃耀出億萬道光芒。
無論是
熾熱的，
強烈的，
微弱的，
…………
無論是
哪樣光源，
哪樣距離，
那樣面向，
…………
它們正聚集、投射在
　一個球面鏡之上。
它們的進程，

雖然是——
屈屈、
折折，
折折、
屈屈，
雖然是——
有強、
有弱；
有弱、
有強；
但，
總歸透於球面鏡的另一方。
在球面鏡下，
滲越過的光芒，
漸漸聚合，
漸漸凝縮，
漸漸集中；

而前趨於一個點；
它，
一層比一層密，
一級比一級熱，
一段比一段亮；
終至於炙出了火光。

它，
如藍空上的星星點點，
但不高懸於蒼穹之上；
它，
如仲夏夜的流螢之光，
但不供兒童追逐玩賞。
它，
如……。
它是聖明的火種：
要迅速地擴散，
照亮陰暗烏黑的死角，
焚滅那荊棘妖孽的滋長；
要猛烈的伸張，
燃燒盡醜陋邪惡的瘋狂，
教黑夜中發出黎明的曙光。

聽！那億萬道光芒，
已道出了他們的情豪氣壯：
「咱們從此不再為渺小而憂傷，
決為璀璨的明天挺起胸膛。
咱們只有一個決心：
『要把小我犧牲奉獻。』
咱們只有一個目標：
『要投射在那球面鏡上——
溶化掉那沍寒冷凍的冰霜，
保全熱愛的葉片——秋海棠。』」

鄉結

記得那年
是南國的春天，
微風，輕拂著依依綠柳，
燕子，雕梁上細語呢喃，
我別了甜蜜的兒時家園。

何曾想到
南國遍地狼煙，
親友，飄蓬般東飛西散；
小樓，何時再團圓笑語？
彼此已如流雲隨風飄蕩。

啊，故鄉！
我何曾忘記
你暮春的鶯飛草長，
村外的十里荷塘；
還有那——
草原來往的牛羊，
漁火照紅的江灘。

啊，故鄉！
我何曾忘記
你翠谷潺潺的清河，
港灣點點的歸帆；
還有那——
松林茂密的山崗，
湖心笙歌的畫舫。

如今
那一切，已經如夢似幻，
如今
那一切，不知何等模樣；
再見
也許在並不遙遠的明天。

啊，朋友
你可曾讓昨日煙雲，
遮蔽了心上的陽光？
嚴冬過去，
終見春天。
何如放懷高歌：
拋開鬱結、憂傷，
唱出莊強、舒暢。

啊，朋友
你可曾讓往情舊夢，
浪擲了歲月匆匆？
長夜盡頭，
終見曙光。
何如放懷高歌：
揚棄徬徨、頹唐，
唱出溫馨、希望。

從海角唱到天涯，
我們且拋兒女情長；
從地老唱到天荒，
我們化鄉愁為力量；
從黑夜唱到天明，
我們勇敢向前向上。

忍受過冰冷霜寒，
我們邁向
成長、茁壯；
歷經了洪爐鍛鍊，
我們已如
鋼鐵般堅強；
縱越了驚濤駭浪，
我們的歌聲
嘹亮、飛揚。

後記：一九四九年歲初，渡海峽東來，匆匆已易三十九春秋，欣見開放大陸探親，惟椿萱墓木已拱，追昔撫今，悵觸盈懷，寫此以誌家國之思。

一九八八、五

研究歷史，能使人聰明；
研究詩，能使人機智；
研究數學，能使人精巧；
研究自然哲學，能使人深遠；
研究道德學，能使人勇敢；
研究理則跟修辭學，能使人知足。

——培　根

掄才之歌

得人必昌，失人必亡；
才由嚴考，用在慎選，
考選精當，基固業張。
得人必昌，失人必亡；
才德兼備，發揮所長，
訓教無間，志氣恢宏。

一九八三、十二

一首柔美的詩，
如同優美的音樂旋律一般，
引人陶醉。

——法・莫泊桑

山情·友情

細細的雨，
涼涼的風，
藍天的
　流雲走向彩虹。
關關鳥鳴，
瑟瑟葉語，
盈盈的
　巖水點點輕滴。
星閃雙眸動，
月下花笑容；
「山是眉峰聚，
水是眼波橫；」
山是情種，
峰常凝對巒長擁；
水樂群聚，
攜澗邀溪奔江河。
石板上仰天臥，
密林中長吸呼；
峭壁山嵐騰飛湧；
竹林花影迎薰風；
木香撲鼻蟲鳴曲，
方纔晌午日已酉。
背包，
縱然把雙肩壓腫；
汗水，
也許把兩眼漬痛；
只想走完全程，
趾瘀血、腳起泡，
　誰再提起？
只要不落單，
口舌乾、喘吁吁，
又何所計？

峰巔險，好磨鍊；
山頭多，是考驗。
越稜線，走陡坡，
淋漓汗過，
筋骨倍舒活；
雲天已垂低，
地表更遼闊，
站上了嚮往的三點角，
親個吻，再歡呼，註
此時的愉悅怎麼說？

如投影，如飄萍，
不說相逢何匆匆；
任憑他，
道山癡，笑水迷，
只要心歡愜我意；
寒暄沒幾句，
關懷只須臾，
搶拍個鏡頭，
說聲「ㄅㄞˊ ㄅㄞ」又分離；
揮揮手，
彼此各自走東西。

縱然是
短暫的交契，
一片真淳留胸臆。

註：登上高山三角點，喜極之時，往往情不自禁的對三角點來個親吻致意。

後記：一九九〇年十月二十四日同人登山社雪山登頂，山友施勝發君未歸，條將一年，回憶其間同行員工曾踴躍支助搜尋、捐款、撰文拍照、捐出稿費及其眷屬電話中泣謝諸情，感山景、山友之可親可感，特寫下此一人間溫馨的彌足珍貴。

閱卷者言

末了兒，也
如同嚼蠟；①
而此一時段的同地，
我們取消了五天假期，
是接連廿一天的四十二次
會議桌，
靠背椅，
藍、紅簽名筆，
日、晚報，
電話機。

茶，
咖啡，
阿華田，
冰毛巾，
空調冷氣。

饗宴，
三天三次的連續，
以便當充饑。

千本頁冊，
是千支隊伍；
萬千方格，
立萬千戰士
檢閱這
倉頡造的雄師，
一個個的投視，
聽憑您——
　加圈、
　加點、
　加線。

童顏鶴髮，

翩躚亮麗，……
這兒也有「三代木」，
甭到阿里山林區。
「真不想再來，下一次；」
「像失落了什麼，如不參與。」②
勞動者，是
　汗垂胸膛雙臂；
閱卷者，是
　字隨眼珠滑動。
培耐性，
養毅力，……
請說：
還得到了哪些？
運動健將
　得到獎牌
演出者
　得到掌聲

閱卷，是
無聲無息
請問，得到了哪些？

註：①作者曾連續參與海外歸僑三日宴，有此感受。
②此爲連年參與國家考試閱卷之感觸，並非杜撰。

一九八五、二

詩者，志之所之也：在心爲志，發言爲詩。情動於中而形於言，言之不足，故嗟歎之，嗟歎之不足，故咏歌之……

——毛詩序

無題

一朵白雲，
　浮游天上；
不知蕩漾何處，
不知消失何方。
一枝飛蓬，
　拔旋風中；①
不知飄落何處，
不知歸宿何方。
一葉扁舟，
　划行海洋；
不知航向何處，
不知停泊何方。

註：①飛蓬，簡稱蓬。埤雅：「蓬，末大於本，
　遇風輒拔而旋。」

……像一天

四十三年
　像一天：
黎明
　向晨曦招手
　走過崎嶇
　攀上巉巖
　抵達山巔
晌午
　向藍天歡呼
　穿過叢林
　衝破風浪
　天高地遠
黃昏
　看霞光彌漫
　彩雲翩翩
　綠的田園

接連天邊

朋友！
海峽隔離了兩岸
過去的
就好像一天
如今
陽光已普照大地
還有誰，願在黑霧中迷途
還有誰，登海市蜃樓飲露
雪亮的眼睛
該已認清
什麼才是光明的大路
朋友！
我們要遠瞻未來
齊聲歡呼
我們要把握現在
攜起手來
依然堅決勇毅
邁出大步往前走

附記：與臺灣同步成長，匆匆屆滿四十三個春秋，歲暮年終，難免回顧世局，興發白衣蒼狗之思，寫此。

一九九二、一

人生有如踢足球，它的原則是：向前猛衝，不要犯規，不要迴避，只是向前猛衝。

——老羅斯福

飛向晴空

——給病困中的青少年

揮筆
總想跨越上天梯
染繪出腦海裏的彩虹，在
　前生、今生、來生

跑馬
總想奔馳過莽原
鞭停蹄息後躍下鞍鐙，在
　大漠、巨洲、丘陵

揚帆
總想乘長風破巨浪
下錨於萬浬外的港灣，在
　崖岸、長島、海邊

筆，毫脱落、還要揮灑
馬，蹄失誤、還要奔騰
帆，桅折裂、還要前航
　一切，全在您的掌握

「人生如戲」
　畢竟是灑脱語
腳踏實地
　才能創出成績
空中樓閣屬烏有
鏡花水月總成空

謝東風
　吹走了昨日的陰霾
謝春雨
　滋長了一片片新綠
不再走
　沒出路的胡同

不再信
　淨說愁的秋蟲
只願
　像那一群群蜜蜂
　飛向晴空
　飛向芳叢

從今起
敞開自己心胸
珍惜生命有用
身心可以更為健勇
只要展開您的笑容

後記：青少年爲國家希望之所繫，惟不乏以志高氣盛，對升學與就業之抉擇，思慮欠周，心理調適，每易失衡，衛生保健常識不足或疏忽，以致引發病困，重者甚至於萌生短見、傷人自殘，良堪惋惜。病人家屬與醫護、社工等人員及時適切之照顧，如同春風春雨對草木之滋潤，再造向榮生機，而病人之心境，倘若朗如晴空，常保歡愉，則與藥物服用之效果可以相得益彰，而早日康復。並盼收入好的大企業家，能伸出援手設立支持機構，協助就業，使能自食其力，功德無量。

一九九四、二

苟行事得其宜，出言得其要，雖不吾面，吾將信其富於文學也。
——韓　愈

彰嘉車上憶舊

那兒的蕉風，
傳送過簷前的燕語；
那兒的椰雨，
沾濕過遊子身上衣。
黃昏，月夜，
花開、花謝。……
那一切，
已似過眼煙雲，
夢裏依稀。

茅舍竹籬哪兒去了？
只見換上泥瓦、磚砌。
凌晨，
車阡西陌數不清有
　多少次的踥蹀，
可曾留存當年足跡？
溫馨的片語融化在
　心之歌曲。
譜表上一個個音符，
都編成友情的旋律。
如今，
翻開那灰黃的一頁頁，
彷佛只剩下一句—
　「長相憶」！

「美麗的她」之夢，
「投筆從戎」的激動，
「有家不得歸」
久久的憂心忡忡。……
那一切，
早已成了雪凝、冰凍。

啊！

秋月春花，
妳一來一去何其匆匆？
萬金難贖往日夢，
此身如寄似飄蓬。
甭歎韶光無情，
華年在霜鬢裏輕送。
「人生」這份卷子，
怎好讓它留一犄角兒白空？

註：作者自一九四九年起任教於彰化、嘉義。

一九七八、三

天才是
一分聰明加上
九十九分的努力。
——愛迪生

戰「病」

腸疾匝月，輒有痛楚，但仍工作不輟，並藉夜間就診，期無虧於職司，欣幸「病」魔終爲藥力與意志力所伏，適逢「自強年」，爰記感觸之經歷，以示「自強不息」之意。

瓊漿與玉液，
一口口屏氣地喝；
琥珀般圓錠，
一粒粒囫圇而吞；
瑪瑙似的團片，
紅豆般的顆粒……
三百六十分鐘一次
未分晝夜，
間歇地投進喉管，
滑落於腹腔之湖。
在那兒溶轉，

　在那兒消磨。
化成了堅甲銳兵，
化成了無敵鬥士；
奔赴四方進擊，
分向八面圍剿。
—猛攻，殲滅！
哪怕是五兵種的組合，
哪怕是三兵種的配備，
或許，
僅僅是單獨的斥候。……
它們以強固的團隊，
躍過了熾烈的火網，
衝進了重重的壕溝。
戰鬥，戰鬥，再戰鬥！

三個週過去了，
腹腔內之湖，
依然是軍團的司令部。

戰況終漸趨於沉寂，
不知有過多少次廝殺，
不知有過多少次纏鬥。
但，只有一項肯定，
那就是，
堅毅與勇敢，
畢竟得到了戰果：
　胸肋間的痛楚，
　　消失了！
　酸愴愴的嘔吐，
　　絕止了！
　烏黑黑的泄物，
　　幻滅了。
　乾癟癟的舌面，
　　有津液了！
可是，
不知怎地，
偶爾還有什麼似的，

流竄於肋骨胸腔；
橫膈膜的上腹間，
也有些兒鼓脹。
「再來一次徹底的掃蕩！」
一月十八日——已經二十四天了！
空腹——不沾滿水、不入片粒，
大夫，
是我此刻的「皇上」：
「吞進硫酸鋇，再喝清水！」
「脫換原衣褲，穿上圓桶裝！」
「呷進那淡綠濃漿！」
站上那檯子的時候，
「仰，臥，躺，轉！」
「深呼，深吸！」
「噎氣屏息！」
—X光下，
細查頑敵究竟遁形何處。

銀裝的，
金扮的，
橘黃的，
藍靛的，
好些個舊雨新知，
三百六十分鐘一次，
四百八十分鐘一次，
仍然會合於腹腔之湖。
此刻，
胴體內的戰況益趨沉寂
我吞嚥而下的，
似乎是陽光的七彩；
它們又陸續地
發動第二、第三……次的衝刺：
如果說哪兒有火，
它們便變成了消防隊員一大夥；
如果說哪兒有魔，
它們便形成了掃妖隊員許許多。

戰鬥的行動是一貫的：
　夜以繼日，日以繼夜，
　整補時，便披衣而起。
戰士們有鋼的紀律：
　勇往奮戰，英勇義烈，
　掃淨妖孽，戰勝一切！

平和，寧靜，
無畏，沉毅！
要勝利，決不可有懦怯，
戰病魔，尤其要有毅力。
本來，
既然抱持了堅定的意向，
明天，
必然迎受微笑的春曦。

註：①是戰勝了！是十二指腸潰瘍，此次患病，未經手術，也不必長期服藥，是一奇蹟。
②上項病症於二十六年後復發。情緒與飲食實有更進一步控管之必要。

一九八〇、六

持身不可太皎潔，一切污辱垢穢，要茹納得；處世不可太分明，一切賢愚好醜要包容得。
（註：精明須藏在渾厚裏作用，古人得禍，精明人十居其九，未有渾厚而得禍者：吳遣二士至蜀，二士甚辯，武侯偉之，後二世皆被殺，武侯曰：二人只是黑白太分明。）

——格言聯璧

「汪洋中的一條船」觀後①

它是一葉扁舟，
航向未來的海洋，
不怕港口險灘，
不怕沙洲擱淺。
有決心，接受苦難；
有信心，迎接挑戰。

它是一條破船，
航向遙遠的港灣，
不怕狂風暴雨，
不怕驚濤駭浪。
有決心，補了漏，再向前，
有信心，視失敗，如家常。

它是不沉之舟，
航在茫茫的人海，
受了人間溫暖，
不忘犧牲奉獻。
卅二年，煥發出生命之光，
圖書館，僅僅是一種心願。

註：影片名。

一九七八、十一

詩人的藝術，
能將人類平庸的生活提升，
將世界變形，
使它在明亮的圓圈浮動。
——朗費羅

智慧人 一定勝利

——爲對抗SARS而寫

烏　雲
總有　消失時候
只要　雨一下過
黑霧
　畢竟　留不太久
只要　太陽一出
藍天上
彩虹　有時架起拱橋
野草原
花族　隨風盈輕曳搖
SARS
　你呀　你呀
你可知
蒲公英傳播了種子
蜜蜂　採花釀了蜜
SARS
你呀　你呀
你只是
給人們咳嗽高燒
給人們呼吸急促
更給人恐懼、永別離
SARS　SARS
你別再猖狂
智慧人　有毅力
同船上　同相濟
就醫、隔離不遲疑
消毒、洗手不大意
量體溫、戴口罩
多運動、營養好
避開擁擠和喧囂

減免到處「趴趴走」①
SARS SARS
你別再肆意
智慧人
一定 勝利

註：①閩南語，隨意到處閒逛爲「趴趴走」。
「趴」，音ㄆㄚ。

雖有卓越之才能，
而無一心不亂之勤勉、
百折不撓之忍耐者，
不能立身也。
——亞力山大

【二】單一的

筆　詮

作家的筆，
戰士的槍，
方格子擺陣圖，
筆桿兒出榴彈。

作家的筆，
春天的陽光，
播種下的田園，
還要它發榮滋長。

咬文嚼字，
布局運思，
何計於——
絞盡腦汁？
行行頁頁，
節節章章；
為的是——
贏得勝仗。

汙漫未淨，
有何興致，
吟風花、弄雪月，
談鴛鴦、寫蝴蝶？

安樂祥和，
胥賴精誠互助，
協力鼎新開創；
「桃源樂土」，
還須弘揚正氣，
祛除邪惡魔障。

培蘊靈根，
善用慧能，
同祈求——
「錦繡山河」長留存；
「無有眾苦，但受諸樂，」
締造箇——
阿彌陀佛極樂國。

秉持春秋，
意到筆隨，
撥動心弦的馨香甜蜜，
歌頌世界的真誠善美，
弘揚人性的芳草青翠。

註：桃源樂土，錦繡山河——指理想中的省縣。孫中山先生嘗言實施地方自治之「自治區域當可變成桃源樂土，錦繡山河。」

觀雲

雲在天空
遊興兒濃
一會兒西
一會兒東
夜晚歇在溪林中
曉色朦朧
接來朝陽臉兒紅

黃昏
大夥兒聚在西山頭
揮揮手
向著太陽公公
太陽公公把金粉撒滿了天空
纔睡進了海洋中

雲在天空

喜歡畫畫兒
黑黑白白寫素描
樓臺亭閣雪花飄
雨後興致好
畫上兩道美彩虹
晴時天著藍
塗塗抹抹造港灣
秋夜涼如水
給星星和月亮披薄紗
寫莊稼人消夜說神話

雲在天空
一團團　一朵朵
像媽媽手捏的粉撲兒在臉上敷
像大姊姊化妝臺盒飾物的合組
廣幅密布的雲羅
像冰雕琢的北國
或是塞外的大草原、大沙漠
或是北極的大白鯨、眾企鵝

雲在天空
不分夜晝
冷冷靜靜
什麼也不說
沐浴在日月的光輝裏
徜徉在地球和天空中
氣流風走的時候
誰也難捉摸
原來的山群樹海展微笑
一忽兒
便埋進了一陣陣的漩渦
出出沒沒
沉沉又浮浮

雲在天空
不曾圍高牆

不曾築長隄
沒有界標沒藩籬
上凌霄漢下臨地
不管物換和星移

雲在天空
不問人間春和秋
未計世上美與醜
沒有是非沒恩仇
不設陷阱不爭鬥
往來十方逍遙遊
無取自在多自由

註：親友同遊廈門港、胡里山礮臺，見豎立「雲游四海人生一求」巨牌，寫此。

一九九五、五

聖誕紅

是彩筆，
　沾紅了妳枝頭葉片，
還是，
　天使教妳變這麼艷？
是春神，
　先灑落下些兒箇鮮妍
還是冬，
　為大地編織這流紅點點？
　……………
不管怎地，
妳已經比東風走前了一步，
　不再把熱情滿腔，
　淨往泥深處躲閃。
　在圍牆邊，
在竹籬外，……

妳已燃燒起，
　一團團奔放的火焰。

千嬌百媚，
　占去了春光，
　妳從來不加理會；
也不去追逐、湊合
　那萬物暢旺的世界；
妳只淡淡地回首，
　看看萎落的金菊，
若無其事般，
　迎受朔風吹送的凜冽。

當嚴冬伸出無情的巨掌，
摑落了林間的千葉萬葉，
我只聽到，
妳曾和臘梅私底下相約：
「朋友，
　創造箇咱們芳菲時節！」

於是，
　隴上有了枝枒稀疏的身影，
　庭院有妳嫩綠嫣紅的笑靨；
暗香浮動月黃昏，
冰雹霜雪伴日夜。

不招蜜蜂，
不引蛺蝶；
不求攀折，
堅貞守潔。
妳又是—
存虛空空的心，
流白森森的液；
不豔羡那春花秋月，
不憂愁那花開花謝。……

漫說那千年前流傳過的
題詩在紅葉上的傳奇故事；
只要記起：
神把仁慈賜給了墨西哥窮女孩，
　野草才變成了紅花朵朵；
聖誕之夜，
終使她向聖嬰表達了敬愛。
光說這些，
我心靈深處已直覺：
妳是這世上最美的葉。

註：前院梅樹與聖誕紅並植，每逢嚴冬，白紅掩映，不遜春日芳菲。

一九七八、一二

榕

頂上
擎住——伸展
向彩虹、星空；
周圓
千手、萬指
朝著北南西東；
地裏
百足，千趾
步進黃泉幾重？
胳膊群
灑落下的
彎彎的綹綹縷縷，
像處子秀髮垂披；
風姨摩挱
才輕說三言兩語。

一九八六、五

萍

當草原，
渴望著東風吻出新綠，
春江，
剛道說水暖的時節；
咱們，
泛游水上，
壓根兒沒想到
趕製時裝的事兒。
當蓮塘，
酣睡過蘆白風清、寒氣凜冽的季節，
在火傘高張下，而
她們儘管姹紫嫣紅，
咱們，
從無所懼，
亦無所忌，
歲歲年年，
始終為
田田葉、倩倩粧之襯依。
當林野
苔紫荔紅，
水天一色，而
知了與促織忙於編演協奏曲的時刻；
咱們，
群集一隅，
緘默靜謐，
沒發隻言片語。
當人們，
忙碌於拔藕節、採蓮子兒，
或移扁舟掐取水栗的時候，
咱們，
浮身清池，

為游魚所潛藏，飛鶴所鴿食……
從不管它
有誰關注，有誰重視。
悠悠然，何其閒適？
慊慊然，何其自如？

註：冬日過台北植物園，見萍綠滿蓮塘，感作。

五月雪

轔轔復轔轔
望窗外
甭提之後、之前
　在右、在左
海洋般的湛藍藍
　似白玉在水面浮
　如粉紙草原上敷
簇集呢、還是散落？
　有多少？難以計數。
是雪嗎？
　敢情是雪？
是冬，踩上了這南國島域？
盡與奔馳的是
車子下的輪組
紅塵滾滾拋飛遠

迎進盎盎蕩波心
雪，灑落給在地鄉親
——福佬、客家、泰雅……
雪，獻給了南來訪者
——台北、新竹、苗栗。

註：五月，循北二高赴觀霧旅遊途中，沿途一片綠海，油桐花綻放，瑩白勝雪，因有五月雪之美稱。

夾竹桃

如同
一把把
出鞘的綠劍，
指向蒼穹的無垠。
是挑戰，
　嚴陣對著上天？
雲朵兒，
聚成了
　一氧二氫，
先以化學迎戰：
霎時有
　尖兵千萬，
自天而降。
我之素，
依然我自行！

驕陽之下，
嫣紅朵朵，
展現在
叢叢綠上；
仰受日月的精英，
凝望坦蕩的天庭。

一朵花兒，
是一個笑靨；
一個蓓蕾，
是一個歡欣。
在山之陬，
在水一隅，
迎接著
這黎明的清新。

含羞草

匍伏在
青青的草地上；
挺然而立的是
桃般紅的球蕾。
渾圓的周圍，
輻射而出的，
好像是
無數的小明珠。

若說，
與露珠兒競美，
但，
哪有妳這樣
　一顆顆的勻稱？
於是，
妳既在彩色的世界，

獲得了絢爛的一席，
更突現出
獨具的清麗。

「枉有新衣的美綠，
枉有莖條的刺棘；
瑟瑟縮縮，
懦懦怯怯！
不堪輕輕的一擊：
不用問
是妳的枝椏，
抑或
是妳的葉羽。」

「這是求全的委屈，
於是要因應垂低；
這是賢者的謙遜，
於是要示人以讓退。」

用不著猜疑，
縱然有外來的沖擊；
用不著諷譏，
縱然有意外的嘲戲；
只要
那時候兒過去，
我依然是
英挺如昔，
不管有沒有人知道，
我也曾受盡了
風風雨雨！

> 讀書，使人淵博；
> 辯論，使人機敏；
> 寫作，使人精細。
> ——培根

知了

「知了！知了！」
你從清晨到夜晚，
整天兒鬼叫；
是不是
怕山居的人們太寂寥，
特意來到這兒唱小調？
「知了！知了！」
你是不是
不愛市廛的喧囂？
要不，
你的「知——知——知——」
住在都市的人們，
怎麼壓根兒聽不到？
「知了！知了！」
不管是今天，
或者是明天，
你的面，
誰也不容易見到；
是不是
林蔭才使你留戀消遙？
「知了！知了！」
天下事
你究竟知道多少？
是不是
生怕人們不知道，
要不，
怎麼老是不停地「知了」？

一九八〇、一〇

沒有博大精深的哲學修養，
決不可能成爲一個偉大的詩人。
——柯爾雷基

鳥歌

澗流潺潺，
是一首唱不完的歌兒；
但
聽不出它是特意的
　為讚頌晨光演奏。

在這兒，
雖然常有過
鸝之鳴，
蝶之舞；
但
看不出它是否
　為晨光的來臨歡呼。

夜露，
　為青嫩的小草兒
綴滿了一串串
　瑩亮的明珠；
晨霧，
　為黛綠的山和樹，
　披上了聖潔的
　白茫茫的紗羅。

……………

它們，
　給晨光的獻禮，
　是沉默默的給付。

「咯各咯兒——各！」
「咭——咭咭，咭——咭咭！」
「啾——九就九啾，啾——九就九啾！」

……………

是雲雀，
是畫眉，
白頭翁？

還是八哥兒？
它們
會合在這兒
在這稍前稍後的時刻。

若說
露珠和沉霧，
為這晨光著色；
它們
便是與澗流協奏，
為這晨光的綺麗而歌。

一九八〇、八 臺北外雙溪

花店 花語

哪年哪月
才能一瞥夏秋冬的身影
還有浪蝶翩翩狂蜂嗡嗡
且莫說這兒天地小
偏是經年常綠、姹紫、嫣紅
儘多雅人駐足，目移情意鍾
榮榮枯枯
永遠是更迭不休
有誰過問
園主人今在何處
遙念此刻
根應已遷 榦不留
玉容瓊姿 八方來集
也只如
朝露點點
萍千小聚

一九九〇、十一

鑽機的工地

有了您
大地高聲説話了……
「ㄍㄚ ㄍㄚ ㄍㄚ ㄍㄚ……」
這是砂岩説的：
「ㄕ ㄕ ㄕ ㄕ……」
這是黃泥説的。
砂岩跟黃泥不知等待了多少歲月
好不容易才有這機會從深深地層湧起
是您，使勁用了千萬鈞的鑽動力氣。

煙，隨了您的鑽力
　冉冉上升，灰白一片
「這是咱的化身。」
砂岩在説，
霧，迷迷茫茫，鵝様淡黃
「這是咱的幻影。」
黃泥在自語。

煙、霧，與高采烈
隨了風兒飄舞
無論歇在樹梢，
　還是跳進河道……
依然覺得沒箇著落

鑽機啊！
　有了您
大地像整了型；
醜陋，美化了！
　有了您，
大地強化了；
堅實，代替了鬆散
安全，驅走了驚懼。

註：颱風過後，作者訪視士林翠山里山坡崩塌整治工程工地作業之狀況，鑽機深入六層樓高之地層（石巖），排出泥礫，再植入鋼筋、灌進水泥加固，功不可沒。

迎颱風——諾瑞斯

以往，
你的族類，
不論人們為你取的名子，
是談女性吧，
誰個會
對你表示歡迎？
在寶島，
三十多年來未曾有，
也許
十倍、甚至百千倍的三十多年，
也未曾有。

而此刻，
西太平洋的高氣壓，
一手製成了全球三分之一的大陸
——亞細亞洲的苦旱：
華北，有八十四座水庫，
乾涸見底……

你，
在八月廿七日廿三時十七分，
於宜蘭的東海岸登陸。
人們，
謹慎戒備，
嚴陣以待，
但卻另具一份心緒
——如大旱之望雲霓。

因你，
雖也能如任何的颱颶：
拔樹、倒屋，
崩山、塌路，
教——
機場關閉、電訊斷阻，
鷹架摧毀、招牌砸碎，

客貨車船、翻沉出軌，
山洪奔瀉、湧來爛泥，
陸上行舟、人畜捲去。

但是，
渴極的田地，在龜裂；
渴極的禾苗，在乾焦；
渴極的溪流，河床在裸露；
渴極的空氣，
一天比一天熱燥；
渴極的「旱魃」，
　在湖、潭、水庫、猛吸；
要不，
水位　怎麼一日比一日降低？
要不，
大地　怎麼仰望藍天長歎息？
都市裏，
歎喚著節省用水：
　灑水車，不再巡迴；
　游泳池，不復換水；
自來水，
　由分區輪停，
　而隔日停繼；
農用水，
　從新北投的十八份
　傲步跨入台北市區。

水廠的作業人員，
自凌晨起，
扳轉制水閥，
一關、一閉，
不知加了多少個早班，
　耗掉了多少人力。
空車氣象聯隊的弟兄，
在高空，

穿雲層，
撒精鹽、乾冰，
一百零三次，
助雲造雨。
不知避過了多少次電擊，
躲脫了多少次雷襲？
—禾木才得到了復甦，
　溽暑有個機會沐浴。……
有誰，
　以慧力克天工？
有誰，
　把民生列第一？
一連幾個月，
大地的一切，
已似苦行僧們，
跋涉在
非洲的撒哈拉大沙漠，
步履艱辛；
汗滴淋漓；
福爾摩沙，
　還是呈現一片翠綠。
但是，
渴極的物事，
仍然企望著
你的早日寵蒞。
諾瑞斯，
諾瑞斯，
可愛的諾瑞斯！
希望你多帶來些兒
太平洋的點點滴滴。

註：此一颱風發生於一八八〇年

小小山徑

小小山徑，
峰高嶺峻。
黎明晨光好，
黃昏鳥歸啼。

小小山徑，
竹風嵐影。
晴明湧山客，
天雨浥清新。

歲歲年年，
長處於幽篁、茂林子裏，
像銀河、星辰，
隱身在青空域。
任春自來去，草自榮枯；
任雨打風吹，似有若無。

蝶落霧中花，
鸝歌澗邊樹。
谷蘭飄幽香。
誰說我落寞？

千萬次的踐踏，
　算得了什麼？
沉沉默默，
　還有綠苔知我。

一九八一、十一

詩是思想的音樂，
它用語言的音樂，
傳達給我們。
——捷菲爾

健康步道

健行的步道儘管多
但這兒的畢竟不同夥
石子兒鋪陳地面上
粗粗細細參差落
尖端兒朝向天
像一群聚集的山峰臥躺

大清早兒
小鳥結伴迎風來
伯叔哥姊來回走步道
來個S形來又穿梭
甩起了雙手吹哨過

白日裏
大夥兒忙作活
道上稀稀落落

假日和晨昏
健行的遊客可真多
高直的椰樹幹
　聳入天雲
翠綠的青草地
　如毯如茵
紅豔的美人蕉
　展開笑靨
林梢飄灑下的晨風
　帶來了花木芳香
　　也帶走了腳底板兒的輕痛
看　還有
逗趣兒的大哥哥
學著四腳青蛙在道上跳

道上的石子兒一顆顆
不知有多少腳鴨兒的摩抄
粗糙的　滑了

晦暗的　亮了
滑亮的石子兒
像一雙雙黑色的眸子
　默默傳神　活像
傳來了叮嚀
「踩多了的石子兒發亮光
鍊久了的鐵塊變成鋼
勤活動的身子纔硬朗」

註：走健康步道，可作腳底病理按摩（又名「反射帶療法」），助益身心，早有實證。欣見臺北市區許多公園，有此設施，惟其利用率如何，尚無數據，寫此，盼望讀者多多參與。

早早兒 起步走

跨出腳步
走向前去
用不著心急　因為
只要早早兒起步走
縱然那是荒山野地
荊棘刺傑傷了肌膚不氣餒
爛泥中跌倒了再爬起來
不怕腳起泡、手長繭來汗水滴
揮起鐮刀往前劈
圓鍬底下沒崎嶇
重擔千斤壓　哪算稀奇
踐踏億萬次　何曾嘆歎氣
漫長的　艱險的
磨鍊出堅強、勇敢、毅力
寬廣平坦的大道

暢通了鄉村、城市、國際

烈風吹　暴雨襲
烈日曬　冰雪摧
默默承擔沒止息
永遠朝上望
永遠向前去

奉勸朋友們
人生康莊道
靠自己開闢
勤奮打拼不回頭
一定到達目的地

一九九五、一〇

【三】紀念的

熠熠星河

賀第一銀行創業九十周年

向東北那朵雲
揮別了半世紀的黃粱一夢
看海峽彼方烽火八年過後
回到盼望已久臍帶相連的
　東亞神州大陸地

像投進母親懷裏的寧馨兒
　甘純的奶水中，再成長
　溫煦的慈暉下，更壯大

去年，比前年高䠷
明年，比今年風華
弟妹兄姊，群踵而至
散布在
　西太平洋的福爾摩沙

像星星在銀河的聚合
　從亞東到美、歐
一八九九的文武街①
　閃耀出奪目的第一顆
一九〇五年的嘉義
一九一〇年的屏東
一九一六年的大稻埕
爾後的……
　紐約、洛杉磯——
今兒是一百四十九
明兒許是九百四十一……
環瞻向
　臺北的北斗

漫天蔚藍

星巨星細
　或散或聚
總擁著
　一次次的皓魄行空
煥發出七百餘億 Doller 的光熒②
　那是同胞慧心精營締造的結晶
榮膺世界五百大銀星的第一八七
　那是忠勤善運籌、六千同人同一心
縱然歷經了：
浪吼濤怒的海洋
風飆雨暴的長夜
「服務第一．顧客至上」—
　彩光四射，熠熠光芒
永遠是導引向前奔跑的標竿
宇宙無涯無盡
九十年
　何嘗不就是一天

十一月二十六日
　在這齊聲歡呼的晨光
　我們預祝他未來的日子
萬萬萬、萬萬億、萬萬兆
但願—
從今起
　不必再多的高歌讚頌
　無須再多的禱詞祝語
　心兒齊，手相攜
　像農夫的揮汗耕犁
　像鐵匠的鍛鍊淬礪
星河的明日
　熒光
　　要更繁密
　　要更璨麗

註：①文武街……大稻埕：第一銀行前身「台灣
　貯蓄銀行」，最初設在台北市文武街（今

衡陽路），民前十三年（一八九九）十二月廿五日開始營業，一九〇五年嘉義銀行於嘉義、一九一〇年台灣商工銀行於屏東、一九一六年新高銀行於台北大稻埕先後創業，先是貯銀與商工合併沿用後者名銜，嗣再合併新高、嘉義兩銀行而成爲台灣光復前之「台灣商工銀行」（光復後沿用原名，至一九四七年始改組爲「台灣工商銀行」）。

②七百餘億Doller……五百大銀星的第一八七：台灣地區現有外匯存底七百餘億美元，乃政府與全民勤儉經營的累積；截至一九八八年底，世界五百家銀行中，第一銀行排行列爲第一八七名（依總存款額）或第一六五名（依總資產額），令人珍惜。

一九八九、一一

澄淨美化心靈

——悼念李抱忱先生

您操著一口北平話
——純正、清晰；
書生瘦弱的身影
——似今、如昨。
您曾說過：
要配合口語，
無論是作詞、
或者是作曲。
CDEFGAB，
要仔細作摩，
怎樣合乎陰、陽、上、去。
當烽火燃燒在松花江的時刻，
您譜出了中國人的心之組曲——
「我所愛的大中華」，

「車轔轔，馬蕭蕭」……
誰數得了，多少中華兒女曾經唱過——
「中華，中華！
你的江河湖沼，美麗如畫，
你的平原山野，何其偉大！」
當月上柳梢頭、人約黃昏之後，
您為青年男女，寫出了愛之戀語——
「把一塊泥，捻一個你，
留下笑容，使我長憶」……
誰數得了，多少在愛旅中的情侶唱過——
「你儂我儂，
情處多，熱如火，
我泥中有你，你泥中有我。」
如今，
您乘風歸去，
但願：
天堂勝似仙境，
您樂教的靈犀，
仍使兩間感應——
讓更多大漢的天聲，
讚頌自強團結，
讚頌民族復興；
讓更多合唱的歌聲，
提高人生境界，
澄淨美化心靈。

後記：一九七七年聽李博士「歌詞歌曲的寫作」講演，特別強調「音樂旋律與語言旋律要大致吻合」的重要性，遽聞溘逝，寫此。

一九七九、七

喜樂的心，乃是良藥；
憂傷的靈，使骨枯乾。
——聖　經

自治→至治

有誰不愛自己？
有誰不管自己？

既愛自己，必管自己；
管好自己，才能自立。

人人自立，精進不息，
全國同胞，「強人」十億。

「強人」治家，長幼有序，
勤勞節儉守禮法，融融洽洽在一起。

省縣市局，户户家齊；
相助相扶持，愛人如愛己。

選賢與能，講信修睦，
不獨親其親，不獨子其子。

管教養衛，平衡發展；
田園，都市化；
都市，田園化。

緬懷過去：
井道、井田，鄉亭、保、甲，族閭、書
院，里甲、社倉，
「治」績輝煌；
五千年傳統，待我們恢宏。

三十五省區，兩千多縣市；
盜竊亂賊不作，誰還空言虛辭？

謀閉不興，外户不閉，
貨，惡棄於地也，不必藏於己；
力，惡不出於身，並不必為己。

美的人生，美的鄉村，美的都市。
到處是「桃源樂土」，
到處是「錦繡山河」。

我們，從黃帝開始，走向了「至治」。

編註：自治而後可以治人，自立而後可以立人，治道百端，始於自治，故古言：「百姓則君以自治也。」（禮記禮運）；「使天下人自治，吾復何爲哉！」（三國志毛玠傳）；「上策莫如自治」（杜牧策論）。而自治必須守「法」、行「道」；（管子法法：「置法自治」；尹文子大道上：「道用則無爲而自治」。）既非軍閥的割據「自主」，也不是政客的權謀「作秀」，否則，將使國家處於分崩離析局面，人民陷溺於水深火熱之中也。我國自治制度，黃帝之「井道」啓發其端，歷數千年先賢擘畫經營而益臻光大：孫中山先生期「自治區域」變爲「桃源樂土，錦繡山河」；其後行新縣制之「管教養衛」，以禮運篇爲地方自治圭臬；及主張「美化人生、美化都市、美化鄉村」而使「處處是天堂、極樂世界」，薪火相傳，一脈相承，欲建設中華爲一眞正民有民治民享之民主共和國。但此一理想捨「人人自治→戶戶自治→地方自治」之途徑，無法克奏其功，因省、縣（地方）皆「治」，則全國「至治」矣。

一九八六、一〇

最動人的偉大詩篇，並不是那些格律最工整的，而是那最富有詩意的。

——舍斐

迎馬來西亞永春聯合總會青年團回國觀光團

您們，
六十八顆心，
帶來了馬來西亞
　數以萬計鄉親的溫馨；
我們以無比的熱誠，
歡迎您們的光臨。

您們，
我們，
雖然，
　同樣是跨過海洋，
　　踏上了異鄉；
　同樣是背井離鄉，
　　到客地「拓荒」；
但是
　咱們卻只有一個源——
　同在黃河、長江；
咱們卻只有一個根——
同沐孔、孟先賢。
咱們從沒忘記——
　同是世代炎黃。

您們，
六十八顆心，
帶來了馬來西亞
　華僑勤奮創業的典型；
我們以無比的歡欣，
向您們讚禮、致敬。

您們，
我們，
雖然

同樣是跨過海洋，
　久別了家鄉；
同樣是背井離鄉，
　見不到親友、先塋；
但是
　咱們的心——
　　卻同繫在桃溪、大鵬，①
　咱們的手——
　　卻同握在環翠名亭。②
　咱們從沒忘記——
　　縱然是玉堂衣錦，
　　也要我桃源振興。③
親愛的鄉親：
水是故鄉的清，
月是故鄉的明；
親愛的鄉親：
花是祖國的香，
樹是祖國的挺。

今天，您們凌空越海，
雖然，帶來的是不同的鄉音。
但是，咱們卻天涯勝似比鄰；
今夜，咱們雖只片刻聚首金陵，④
但是，祖國河山破碎，
　那有心情傾壺痛飲？
　然而，您們有很多來了三番五程，
這不是咱們
　「手拉著手，心連著心」的鐵證？
今天，
我們只願獻上心香一瓣：
但願諸君別後，
駿業日隆，福壽康強；
但願不久的明天，
　咱們能再相聚，

共享快樂時光。

註：①桃溪——永春縣主流；大鵬——永春名山之山。
②環翠——亭名，宋大儒朱熹與陳知柔曾經講學於此，爲永春重九登高勝地。
③桃源——永春爲後唐桃源縣之地，此乃永春設縣之始。
④金陵——歡迎宴會設於臺北市南京西路金陵大飯店。

一九七九、一一

> 愛好文藝，可以使人提高品位，陶冶精神；
> 再推而廣之，有助於社會的和平，增進人生的幸福。
>
> ——日　福澤諭吉

報國・立己

珍惜分陰，
精研講義；
愼思明辨，
肯提問，勤質疑。
瞭解公式，
攬通原理；
摘要存菁，
多歸納，常演繹。
不是塡鴨，
不是死記；
融會貫通，
析異同，創新義。
均衡發展，

漸進以序；
穩當踏實，
升堂奧，植根基。

研究地方自治，
求實用，應考試；
成功談訣竅，
就在「公誠弘毅」。

不逞才氣高，
不耽迷嬉戲；
奮勵圖強，
報國家、立自己。

編註：中國地方自治函授學校結業學員兩萬餘名，應國家考試及格者兩千餘，多數困學自進，且多服務社會堪爲模範表率之士，函校曾闢專刊「質疑解惑」，爲提問之學員析解，作者主答並兼任講師有年。「公誠弘毅」爲該校校訓。

一九八四、一〇、一五

古羅馬政治家卡特曾說：「你應買的是必要而非想要的東西；凡是不必要的東西，即使是一塊錢，也是昂貴的。」詩人寫作用字，何嘗不是如此，您說呢？

——本書作者

譜出難忘的一曲

——獻給中華文化復興運動委員會編劇班①

揚子江口的沙粒一顆，
長白山林中的葉子一片，
萬頃洞庭裏的水滴一點，
萬紫千紅時的春花一瓣。

梧桐葉落時的秋蟲一聲，
浩淼大洋中的潮汐一響，
如流星滑落時的一亮，
似雷雨時電光的一閃。

朋友，您可這般樣想：
渺小，不必惆悵；
短暫，又何須憂傷？
我們何其有幸，
植根於中華文化的沃壤；
我們何其有幸，
有一枝永不禿落的筆桿，
憑著它，寫下源之遠、流之長
沉淪時，殷勤呼喚；
消極時，鼓舞欣歡；
坦夷時，更求絢爛。

朋友！我們甭歎說：
「對酒當歌，人生幾何？」
只要此息尚存，就能煥發輝光，
縱然片刻頹唐，也是愧對春蠶。②
朋友！我們要深切相勉：
「常保青春心境向上！」
多演幾次像樣的戲，
——使它有優美的旋律；
多編幾齣有力的劇，
——使它扣上人的心弦。
要把只有的春秋數十遍，

譜成一支難忘的圓舞曲。

註：①該會簡稱「文復會」；現已常稱「文化總會」。例由現任總統兼任會長。

②「春蠶到死絲方盡」，蠶雖小而奉獻至死，其德可佩。

彩雲・春風

——賀台北市西門國小建校七十周年

我心深處的天空，
曾有幾朵彩雲飄過，
至今，至今，
我都把它當詩，
一遍又一遍誦吟。

雖然那只不過
黃金時段的
　兩百多日子，①
還是泛起我遐思無數。

古樸的紅磚樓舍，
渾如昨日
　同事們的親和相近；
校園左角的碑石，②

刻下淡水河
　古老年代的腳印；
八十名一班的盛況，
您可還記得
　任課教師的苦辛？

墨綠弧板上的勾畫證引，
紅艷硃筆下的圈點批評，
自然教室中的光電蟲螢，
游泳池天真爛漫的身影。
……………
站在時光的街頭，
七十年啊！
也許是
　詞曲世界的一闋小令，
但，未來的輝光
　又寧有止境？

我，雖只是
　駐足這兒小停的園丁，
曾依稀看到了
　時代搖籃裏的菁英。

啊！
化雨的春風，
您，吹出了遍地的
　李白、桃紅；
中興橋頭，
　車水馬龍；
康定西路，
　長流琤瑽……③
大地，正為您譜出了
　永恆的謳歌、讚頌。

註：①兩百多日子—作者曾服務該校的歲月。一九八五年三月卅一日爲西門

國小建校七十周年，作者應邀參加慶典，因有是作。
②校區左角的碑石—該碑石刻有淡水河的河床，往昔即在該校西側圍牆外的康定路上。
③長流琤瑽—指該校附近之淡水河。

> 本來無一物，
> 亦無塵可拂；
> 若能了達此，
> 不用坐兀兀。
> ——唐僧　豐干

手術房前

幹嘛留下那頁？
　撕去吧！
那一行呢？
　塗去吧！
那句子、字兒、
　點呢、線……呢？
　抹去吧！
甭問說
　在封面？
　在封底？
還是
　任何的一頁。
縱然爾後——
　抱「殘」守「缺」

留下遺憾記憶，
烙上奇痕怪跡。
何必掛慮？
何須游移、
猶豫？
穢惡的，
醜陋的，
贅累的——
刈除吧！
捨棄吧！
讓它
消失、
絕跡吧！
留它，
看它，
作麼？

點畫成字，
字詞組句，
句→行，
行→頁……
怎麼辦？

註：式敏住院手術，作者在手術房前陪候五小時。

一九八六、三

只有不斷的試驗，才可以給中國的新詩，開無數的新路，創無數的新形式，建立無數的新風格。

——胡 適

回鄉

——紀念雙親百年冥誕

山隱隱　路迢迢
煙雲遶邊城
天朗朗　氣清清
溪涸泉移影
尋前景　覓往事
幾度疑何曾
慶雲殿堂神農依舊在①
賢良祠堂久未開②
橘黃茶綠遍山崖

左顧右盼　遠眺近觀
何處現兒影
硯友不相識
笑問是誰費疑猜
親朋已難認
借問　誰是宗親來
樓空人邈牆圮壞
至親已是天人永隔
焚香墓拜哀告歸來
瞻憶遺容　心酸處
淚灑荒郊寄語塵埃
或問幾時復還鄉
悒悒情懷青山外

訪問鄉
情難排
欲報無從椿萱淚
化作活水長繞洄③

註：①慶雲殿—供奉神農氏及保生大帝的廟宇；
②賢良堂—林氏宗祠。兩者爲村人祀神

及祭拜祖先處所。作者離鄉四十六年後，於一九九五年四月返福建永春故鄉及廈門探親並祭祀。

③作者於回台後由胞兄弟合編「山常綠，水長流——百載親思兩岸情」紀念集，未對外發行。

詩，是生產「感動」的機器。
——法 瓦勒利

詩，是藝術中的女王。
——湯瑪斯．史布拉特

悼曾俊如

——懷念一位基層的地方自治工作者

三十二年前的花月，
在榹柑的王國
——寶島員林鎮
員集路上員集巷
日本式的宿舍裏，
第一次見到了你，
短小精幹，
紅光滿面，
兩眼炯炯，
鼻準如硃，
氣氛沉默。

此後，
你我的歲月，
在不同的平行線上，

延伸，再延伸；
你我的工作，
也在不同的平行線上，
推進，再推進。
我在西，
你在東，
如萍寄，
似飄蓬，
夫人是學姐，
也一樣的，
音停信歇。
去年，
朝隆遠來台北，
知你患了風濕，
心想：
「月華姐可難為了！」
幾次的通信，
也提供過偏方，
誰曾想到，
竟這麼快，
成了永訣。
五十七年，
人生何其短暫？
為什麼不
等到七十五……
到你的出生地
—新加坡，
到你的……
好讓親友們，
對景物，
把往事細說？
這莫非就是
世人說的「天數」？

啊—朋友，
異地相逢，
何其匆匆！
你，
由投軍，從警，
以至終止於户政，
你一向負責認真，
從不離報鄉國的途徑。
今天，
撒手塵寰，
倏然別去，
相信你
在天之國裏，
必得永生。

一九八一、三

悼李菁樺

廿七年月哪能比得上一天？
因為這廿四號的海港清晨，
妳一下子就跨出了廿七年。

愛情的樂章，
還在試著譜出希望的旋律，
但，無奈的維納斯，
卻使妳
一忽兒遽歸於幻滅。

人生的湖泊，
正盼著泛出瑰麗的漣漪，
但，無情的扁舟，
卻沒法兒承載起妳，
蕩漾在這蜉蝣般的天地。

正是緊握住彩筆的時刻，
準備在雨後的晴空，
繪出生命史冊的藍頁、靛頁、紫頁……
讓弧形的虹霓如同鵲橋，
也跨越在它的另一端——太平洋的彼岸，
但，淒厲的飆風，
卻呼嘯而起，狂猖而過，
把它吹掃得無影無踪。

啊，
情天，虛如鏡中之花，
　　杳無際涯；
恨海，幻似水中之月，
　　再世難填。

為什麼，
天生情種一定得把情鐘？
為什麼，
感情的井，一定要把身送？

莫不是，
「黑色的大理石，
深邃的黑湖；」
那紅塵外的世界，
逗起了妳心絃的顫動？
難道是，
此身四大和合，
真箇難分難離；
書刊的一字字，
竟是一絡絡的情絲；
學友的溫婉慰藉，
竟沒一些兒導引靈性於寂空？

於是乎，於是乎，
寧願像一縷青煙，
不消逝於近在咫尺的愛河，
而起步於華王的第十五樓，
流星般的殞落於

花園中的繁葩茵陳。
於是，
妳已無一絲一毫以往的惦戀——
最近的四年，以至於美麗的童年。
寧願去追隨黛安娜，
浴身於清新翠綠，
縱情地狩獵、徜徉。

「愛，未必歸於永恆，
美，才是至善至真。
此生此世，如此，
來生來世，又何嘗不是？
為愛而狂，
為情而癡，
又何若
為美堅持？」

後記：李菁樺，廿七歲少女，因情鬱結難解，男友在美。擔任圖書管理。愛情工作，兩不適意，無以自了，六月廿四日上午七時五十分，登高雄市華王大飯店十五樓，躍落三樓陽台花園，送醫不治。筆者深稔其事，寫此以示悼念，並表惋惜：「活得最多的人，是那些想得最多的，感覺最高貴的，行動最好的。」（貝力語）自戕，當然不是「最好的行動」，尤其是一個受過高等教育的年輕人。筆者在本篇爲死者作一種心態、意象的描寫。末段就當它是訣世的答案。

一九七九、九

只有詩人才知道的詩一樣的痛苦，是蘊含著快樂的。
——英　威廉科柏

悼昌兒

在公保大樓憑窗俯瞰左側的台大醫院，
憶悼在該院逝去的昌兒。

灰色的屋頂，
如同在煉爐裏，
那經過數千度高熱燒化後的灰，
一種慘淡的色澤。

用紅磚砌成的三層樓牆，
撩起我對紅色的沉思；
想到你色醫前小嘴裏吐的紅色物，
它是我親買的西瓜，
一塊塊的，
殷紅如血。

看著陰沉沉的天空，
憶起在急診處那時節，
風急，雨驟；
如悲，如泣。
急診處
一張張病牀，
這兒擠，
那兒急；
每個人的臉龐，
就像是一個陰沉沉的天空，
在一張張的牀沿上，
陪伴著他的親、友，
也穿插在白衣天使間，
穿梭似的，
這邊兒來，那邊兒去。

最先來的是心電圖，
曲曲折折，
或高或低，
急速的在映幕上顯現出線條。

膠管子，
一邊兒掛上氧氣筒，
一邊兒插在鼻腔上。
咕咕嚕嚕，
一個個小水泡，
乍現旋沒。
在彌留時，
我還當它是你的氣息。
在我的動脈管裏，
一百西西的紅液抽出來，
流進了你的小血管裏，
也曾為你泛紅的雙唇感到驚喜，
誰想到，
你竟不再接納我的第二個一百西西！
記不清的次數，
處方單從大夫手上交到我的手上，
兩條腿，
樓上，樓下，
樓下，樓上，
病房，藥房，
藥房，病房。
酸了！痲了！

最後的結論：一個僵直的小身子，
躺在醫院盡後的太平間裏。
讓你穿著綴有汽車的衣服，
那是你最喜愛的一件，
我用顫抖的手，
在你臘黃的臉上、手上、眼上，
作訣別的撫摸，
冷冰冰的，
霎時，
像南極海上冰山導過了一股寒流，
竄佔了我的心窩。
再也看不到那笑咪咪的雙睛，
明秀的雙睛，

還睜開著，
再也不動一動，
再也看不出一點神采。
「我來到這世界，
還五個年頭不到，
我還要再看著這世界。
命運之神呵，
你為何要這麼快就劫我而去？」
你似乎在這麼抗議。

你終究是走了，
走到那冥冥漠漠的另一個宇宙裏去。
只不知，
那究竟是天堂，
還是地獄？
四個多年頭了，
但當時情況，
歷歷如在眼前。

此刻，
我凝望這醫院的幢幢樓房，
心如煉爐裏的灰燼，
默禱它隨風飄去的時候，
有掉落下來與你同在的塵粒！

當世界震動時，
我保持不動；
當世界密雲滿布時，
我內心晴朗；
當外面漆黑一片時，
我內心卻常常明亮。
——狄福

梔子花開的時節

初遷新莊，院中植有梔子花苗廿餘株，匆匆已五易寒暑，花亦成長，高與人齊，時逢五月，群花盛開，瑩潔芳香，迥異卉屬。惟花期短暫，乍開旋落，因念昌兒在世，來去倥偬，有如此花。渠之凋落，倏已七載，追思當時，予工作處所右鄰大廈，花苑中此花爛漫，每晨活動其旁，徘徊神傷，斯情歷歷，映現如昨，今見庭院花開，悵觸誌哀。

一九七五、五

曾幾何時，
在叢綠中
才見到那雪白的蓓蕾，
像藍空上散落的繁星，
一夜過去，
你已滿開在院子裏，
偏布在走道旁。

七里香織成的碧籬，
在邊旁呵護著妳，
五年了，
沒見過它那白色的小花，
沒聞過它的清香味兒，
出奇地，
今天，
卻遠遠隨風飄來幽香，
招來了蝶舞、蜂翔。
也激起了
一個無波心井的的蕩漾。

只不過是短暫的十來天，
妳練白、鵝黃，凋殘，
　而和化為稀泥，
　而歸趨於烏有。
妳來，
　何其匆匆；

妳去，
　也何其匆匆。
但已留下美好的記憶：
　——一片淨綠，
　——一片香濃。……

妳那密集的枝枒，
　恰似千手觀音的千手，
　伸向了四面、八方。
妳那橢圓的葉片，
　活像個個稚幼的臉蛋：
風來時，
　妳向我碰碰，
　我向妳撞撞。
　——欣欣向榮，
　——蓬勃成長。
不知是艷陽的召喚，
還是那活力的禮讚？

「皎潔的月兒常圓，
　芬芳的花兒常開，
　可愛的人兒常在。」
那樣的人間世，
該多精采！
但，那只不過是詩人筆下的世界，
它又怎能存在？
　——只要留下些真善，
　　鑲嵌在人的心坎；
　——只要留下些美好，
　　鏤刻在人的腦海。
縱然是此生如寄，
也就不是留下空白。

十二年前，
你降生在吉祥的街道——永康街，
但是，

你陪著地球只轉了一千八百個圈子，
便撒手而去，
那是梔子花開的五月，
一個風吹雨急的時節。
「媽，我要走了！」
這是你永別的話語，
七個年頭了，
它仍然縈繞於耳際，
揩也揩不去。

啊！
那綻開的白色花蕾，
不就像你那天真的笑靨？
那枝頭枒端的嫩綠，
不就是你當年純淨的寫意？
那風前的搖曳，
那雨下的淅瀝，
我曾無數次，
佇立凝眸，
背地飲泣。
想起你：
當年活潑的身影，
來回追逐的嬉戲，
但，
如今已如夢境依稀。

梔子花開的時候，
你去，
在此世界；
只有五個春天屬你，
——如戲；
——如謎。
但是，
一切的你，
卻永遠嵌進了親人的胸臆，
留下了無盡追思，無窮惦記。

就如同梔子花，
開了落，
落了開，
地久天長，
永遠不已。

一九七七、六

惜精神者，可以卻病；
省財用者，可以卻貧。
卻病者，一身安樂，
卻貧者，一家安樂。
——胡達源

要剛強
我們不是來此遊玩，作夢流浪。
我們有苦工要做，有重擔要負；
這是神的恩賜，應該努力承擔。
要剛強
莫說世風日下，誰使道德淪亡？
莫要袖手旁觀，
隨俗浮沉，這是恥辱。
以神的名義站起來，正義伸張，
理直氣壯。
要剛強
不管邪惡植根多深，日子多長，
不管鬥爭進行得如何艱辛，
莫氣餒，要奮鬥，
勝利之旗，今日就飄揚。
——荒漠甘泉

【四】景　物

啊，夏威夷！·ALOHA

——千禧年春節旅美記實

一樣的海島
只是這兒——
天，更藍
山，更青
雲，更白
風，淨而輕
海，翠而碧

鑽石山頭
望威基基海灘長遠綿延
迎接太平洋的水域連天
遙憶當年
詹姆士·庫克船長
破風浪　歷險巇
才開啓了今日這世外勝地
一英里半的長灘
豔陽中臥浴
碧波裡泳戲
雙雙對對　袒裎偎依
空曠中　灑脫無羈
好比椰子與檳榔樹的長葉
隨那醉人的薰風輕盈搖曳

恐龍海灣
看神似的山脈，長弧如寄
環抱綠波萬頃，浩瀚無際
如問龍在何處？可連化石也杳無蹤跡
平沙上砌成堡
淺海際跟采魚逗戲
誰還在乎她與礁齒

曾吻傷過泳者嫩肌

紫色的蘭花之島，
綠的、黑的沙灘
彩虹瀑布，巨木參天
地下熔岩洞地面熱溫泉
大小火山口，從何數起
岩漿造成恁多黝黑板塊
走進的海洋　平波萬里
柯娜的度假區
咖啡山，牧牛場
神祕的火山火把

啊　夏威夷
珍珠港內聖白的祠堂
有上千殉難的忠魂英名高懸
文化廣場先知的雕像
長留籲喚「興中」的光輝

商店街上　有語同音
道說早年華人飄洋跋涉的辛酸

啊！夏威夷
谷蘭尼牧場　哈羅娜噴泉口
茂伊島上馬克吐溫的喜愛地
夕陽下，愛之船上的賞鯨勁舞
玻里尼西亞原住民的民俗表演
檀香山潛水艇裡觀賞海洋世界
象徵愛與關懷的鮮花項圈
熱情浪漫款擺腰肢的草裙舞
KAMEHMEHA 銅像、伊娃拉妮王宮

啊　夏威夷　ALOHA！①②
"HO-NI KA'UA, WI-KI-WI KI"③的
　樂聲迴蕩
想起那
一幢幢旅館門右燃起的熊熊煙火

靜謐一片、觸目皆是的青草地
花衫短褲、瀟灑閒逛的男與女
似乎
我又投進了妳的懷裡

註：①夏威夷──由群島所組成的美國第五十州，首邑為歐胡島上的檀香山市；一八九四年孫中山先生創立興中會於此，現設之中華會館，館側塑立先生銅像。早年有華人自廈門歷五十五天航程來此受雇。二次大戰時，珍珠港內美國亞利山那號戰艦上的一一七七名海軍將士受日機突襲殉難。

②ALOHA──中譯為「阿羅哈」，是該地見面或分手時的寒暄語，含有愛、感激的意思。

③HONI KA'UA, WI-KI WI-KI"中譯為「快快吻我」，係安多佛（G.H.Stover）「在威基基海灘上」的抒情詩，現已譜成歌曲。

湄南河

縱然是南國的炎陽天，
濱河居舍，
也還是濕澤漣漣。
「哪一天，
纔不是恁般的，
飆風驟雨過後？」
濁流滾滾流日夜：
浣衣、
憩息、
沐浴。
舟楫，
就是自個兒天地：
不管潮升、潮落，
任它高、任它低。
條條支柱，

朝朝暮暮，
撐起這——
　水鄉澤國。
　晨看梭航，
　夜賞飛渡。
零零落落——櫛次鱗比；
悅我家室，隨它飄移：
蒼穹——蕉風椰影為友，
水域——蝦游魚嬉相與，
浪蕩胸臆，
存幾分名，存幾分利？

法政大學青年血，
元帥去國袈裟回；①
鄭王塔前念與「亡」，
佛世界裏歌繼「絕」。②
東方飯店、跨河橋；③
欣見朝向現代化。

看舟中商女，
蛋蕉、榴槤，
黃似金佛、玉佛寺，
只是，過眼處：
金碧閃耀，
殿宇宏偉；
亦見缸甕處處，
　仰用天水；
　橋底木屋，
　陰闇崔嵬。④

江山如畫，
即使導遊有心，
有幾個瞭解——
　迎送了多少過客，
河水，
　流走了多少歲月？
故國神遊，

遊子無那；
且看此——
兩萬餘浮圖佛刹，⑤
展現中南半島的風華。

註：①指泰國法政大學學生因反對乃他儂元帥主政時貪污而發生流血事件，元帥被迫去國，返時易服袈裟，以示悔悟贖罪。
②鄭昭，清廣東潮州人，流寓暹羅，任至宰相，昭率暹人，三破緬軍而復國，暹人擁戴爲王，曼谷市現存有鄭王塔遺蹟。
③兩者皆爲湄南河上最偉大的現代化建築。
④湄南河畔仍多無自來水人家及違建，以水缸靠天雨供水食用。
⑤泰國爲佛教國家，全國有佛寺兩萬餘座，以曼谷之金佛寺與玉佛寺爲最著名；一九八七年十一月，作者遊泰京曼谷後撰寫。

雲頂高原……

原高六千呎，
車停一萬輛；
　游樂場、
　人工湖、
　清水巖。
酒店開不夜，
日日覽雲、海，
夜夜伴星、月；
沒有飆風橫掃；
四季花開花謝。
管他——西半球、東半球！
誰分——白皙、黑黝？
誰問——賽賭、觀遊？
高臥於——

　雲之鄉；
陶醉於——
　霧之都：
餐縹緲、飲虛無；
與宇、與宙，渾然為一，
無物、無我，可已化羽？

湖，該有天鵝的，飛向何處？
鳥，當稱蓬萊吧！可容寓寄？
山，似仙之所居，甭再尋覓。
海陬四十年，
「小人國」已差堪饜足，①
又遑計於——廣漠、局促？

山，
　綿亙於眼底——迤邐；
水，
　潺潺流地層——隱逸；

雲，
　徜徉於山海——嬉戲。
它，儘管——動、止、靜、移，
凝然的過客夫復何語？

——濁水、清流，
——錫粒、石油，
——亭榭、園囿：
一樣的孕育萬物，
一樣的承載萬有。
只是，
此地人民
可曾知道——
北行的「崑崙奴」，②
　頭頂過唐天，
　足立過宋地；
其後南來的鄭和，
　才留下了

如今的三保山、三保井。③

歷史，
這鏡子值得珍惜；
四海之內，
不早就稱兄道弟？
你說我華、我說你夷，
也早該成塵封的陳跡。

今日，
看莽莽平原：
　橡膠、
　油棕林、
　椰子樹；
　檳榔嶼，
　長橋如虹；④
　唐人街，
　戶戶「天官賜福」；⑤

吉隆坡
新盛氣象漸次顯露。
…………

啊！
　斯民斯土，
　繁榮前景，
　莫非是—
　大夥兒的血滴汗落，⑥
　千百年的經營刻苦。
願祝福—
　文化日日新，
　三族齊協和，
　共建大同世，
　自助天人助。⑦

註：①本篇一至四節寫雲頂高原區情況並興島居之感，蓋參觀臺灣桃園「小人國」的故國

勝蹟，也可聊慰鄉愁。

②崑崙奴：⑴唐宋時，馬來人在中國爲奴者稱之。

③三保山、三保井：係紀念鄭和遺蹟，位於馬六甲。

④長橋如虹：檳榔嶼（檳城）與馬來半島間，建有世界第三大橋。

⑤天官賜福：檳城華人區的古老街上，店鋪左側皆設置「天官賜福」神位，用以祀天，井然有序。導遊稱：渠等皆爲早年福建惠安縣來此之移民。

⑥血滴汗落：馬來西亞係由巫、華、印三大民族共同爭取於西元一九五七年獨立，一九六三年新加坡（已於一九六五年獨立）、沙巴、砂勝越三邦加入後，習稱爲大馬，有別於僅指之馬來半島。據一九八〇年人口統計：巫族佔五五・三％，華族占三三・八％。估計至一九八四年，馬來半島上之巫族人口七百一十萬，華族四百二十萬，印族一百三十萬。目前華族的成長率低於巫人。

⑦自助天人助：馬國巫、華、印三族如能推誠相與，團結合作，自助，必能安定，當得天助與人助，該國歡迎外人投資，尤可樂觀。

後記：一九八七年十月，作者應邀隨團訪問馬、星、泰、港，停留馬來西亞六日，首日飛抵吉隆坡，夜宿雲頂高原之雲頂酒店（有全馬最大之賭場，二十四小時營業，附近有人工湖、島，游樂場等），嗣經怡保、霹靂洞、檳城、吉隆坡、馬六甲、蔴坡、新山等勝地，所至鄉親盛情招待，彌足感人，而所見街店多中英文併書，閩南語或且通行，鳳凰樹花嫣紅競豔，宛如南台灣。惟巫族（馬來人）居於主導之優越地位，華文教育等難免稍受貶抑，致旅次發生罷課、若干領導人物被捕事件，但抵新加坡時，則當局推廣華語不遺餘力，兩相比較，不能無感。

玉山香青

站在這
　兩百萬年時光長河的出海口①
　泥板岩雜沓紛陳的世界
　三角點三九九七的巔峰
昨夜
　排雲的星月，燦麗依稀
如今
　已浸沉於絕頂的晨光熹微
　朦朧朧——視所及
　參差片粒——步所履
「可還有生命？在這裡。」
　眇眇忽忽，有誰答理？
天與地，總還是一線隔離
只是——
　兩間一樣靜謐、空蕩無比

放眼冬已登上峰群
　霜、冷
　雪，冰
　大氣，寒冽
　風雨，狂急
　登頂的扶錬，衣白搖曳
既成長於高寒
　風、儘管強勁吹襲吧
　鐵堅的枝條
　可匍伏盤地
　喬何妨為灌？②
纖直的針葉
　緊密紛披
　含翠凝碧；
有母株呵護
　結毬果以落殖
　再挺進於上極；

一簇簇
叢生於岩圈
星布於坡際。
任它——
雲起鳥啼
物換星移。
訪山的夥伴啊：
此刻——
你已無須提問：
「香青：在這兒，它何所憑依？」

註：①資料稱：玉山山系造山運動起始於兩百萬年前。

②香青——本名圓柏，為臺灣針葉樹分布於最高地帶之樹種。在土壤較佳不受強風吹襲的谷地，可成長為三十五公尺以上的喬木，作者於一九八九年冬與同人組隊登玉山頂，見其為風口附近僅存之灌木叢群，對其能屈能伸、與生命力及適應力之強勁，展現卓絕無畏之精神，讚賞無既，寫此。

附記：一九九〇年五月六至八日同人組隊登大霸尖山及伊澤、加利諸山（標高分別為三五〇五、三二九六、三一一一公尺），作者隨隊登頂，所至漫山箭竹，亦多高山杜鵑，似雪如脂，明豔動人，自三〇五〇高地以上，雖偶見一二香青，但遠不若玉山上之成簇成片之可觀。

香青近貌之一

上雪山東峰、主峰

——兼懷未歸山友施勝發君

為——
　攀雲
　摘星
為——
　採石
　嚼雪
為——
　彩虹
　林密
　……
巖滴何其清冽
黃菀令人眼迷
黑森林幽邈蔽天
山杜鵑初苞凝碧

登東峰已三一九九
白林三六九〇挺秀
日升、嵐起
雨飄、雲騰
中央尖山高兀箕坐
南湖大山屏亙右左
霧
　茫茫湧集
　八方迴護
路石夜月露白
兩間煙火何處？
紅塵既然千丈抖落
且看山青、巖秀、峰連
高寒踽踽與雲翳為侶
長途勝友芬多精相續
主峰上的先進紀念碑

碎石坡段嘎嘎烏咽啼
三六九山莊紙箔遺跡
七卡之夜霧濃雨偏移
何其撩人憂焚情累急
滯留誠莊謀救事猶記

竟月未歸的夥伴喲：
你道說順便獵影而去
還敢情要
　與天地融合為一？

簡記：①登山首日自台北經宜蘭、武陵農場，夜宿七卡山莊（標高二四六三公尺）。廿四日晨四時卅分出發，越雪山次高三一九九公尺的東峰，八時卅分抵位處三六九〇高峰上有白木林的三六九山莊（三一〇〇公尺），旋即穿黑森林、越碎石坡，於正午登主峰（三八八四公尺，臺灣第二高峰），霧濃風寒，近似早一年冬登玉山時，惟沿途景物，幻化萬殊，黃菀處處，隨履展笑，雲流氣清，心身爲之輕舒澄淨，恍若羽化。晚七時，陸續返七卡，孰知施勝發君迄今匝月未歸（施君喜攝影，途中，承告以乃經考試晉升現職，公餘並研習空中大學課程），回首前塵，諸感縈集。惟應請特別留意者爲登高山必須三五成組，俾便交換常識、互相照顧，共策安全。

②十月二十三至二十五日雪山健行山友簡錄：張大乾、曲滋涵、石燦琳、林詩治、鄭文虎、許明發、廖盛雄、林盈勇、洪志健、沈榮斌、雷乾鐘、施勝發、白明家（以上十三名登雪山東峰及主峰）；李清江、潘哲雄（登雪山東峰）；李金標、王逢春（登東峰、經三六九山莊至黑森林）；葉澤楠、高振宏、廖金榮（登七卡山莊及武陵農場覽勝。）

承辦單位：臺北市山帆登山社　領隊兼嚮導：王金榮、嚮導吳朝淵。

一九九〇、一一

雲海

——仲秋登祝山、阿里山即景

白玉似的平鋪面，橫切了地上天。
於是
仰望著的人們，看不到——
在妳之上，
有個廣漠無垠的蒼穹：
白日裏，是否還有個藍的海洋，
月之夜，是否還有個廣寒之宮；
於是
俯瞰著的鷹隼，看不到——
在妳之下，
究竟是人間，還是海浪，
　是林野，還是城鄉。
是一團團棉絮凌空的浮鋪，
是靜止瀑布的平臥無數，
像一朵朵雪花的散布虛懸，
像造物主撒落下的精鹽萬簇。
不知是——
　起伏的岡陵，重疊的峰巒，
　圍成了這銀色的湖，
　建造了這煙雲之都？
還是那——
　層層的白雲，茫茫的煙霧，
　逐遠了那黛綠的山，
　覆蓋了那翡翠之谷？
無論有多幽深，
從未掀起震撼人的浪潮，
永遠是那麼寧靜、祥和；
無論有多寬廣，
從未藏住鯨、隱起鱷，
永遠沒給人一絲兒驚險。
當皓魄當空，
山谷的勁風，曾激起了妳幻夢似的銀波；
當晨曦初露，

彩霞的纖指，
曾為了妳的淡粧輕抹。
啊！
那黑漆漆之夜的祝山之巔，
禪院怎麼沒有一些兒磬聲傳出？
難道萬里蒼茫，
僅僅有這一股寒山的清泠？
難道僅僅有這天上星、地上星，
低低高高閃爍著照眼明？
哦，敢情是——
妳創造了兩重天：
妳之上，有個天上天，
妳之下，還有個地上天？
哦，不！
在妳之下，豈不似故國的萬頃洞庭？
那兒的閃亮點點，
可不就是湖上漁舟燃著的火星？
哦，不！
我依稀見到了古希臘的普羅米修士，
祂取得了天上火種，
給冷凍中的人類帶來了熱能，
使漫漫的黑夜煥發出了光熒。
……

一九七八、一一

梅紅楓丹記中橫

高出於我的，
　說我是雲；
低落於我的，
　也說我是雲；
擁抱我的山川，
　說我是霧。

在上邊兒俯瞰：
　東飄飄，
　西浮浮，
　誰也不知
　我歸歟何處。
　只頃刻
　便擁聚為一片洋海，
　似雪，如絮。

在低地裏仰視：
　像銀花的天幕，
　但無論是誰，
　擁抱我的，
　終歸是
　　空幻、虛無。

千采，因我而淹沒，
萬象，因我而隱伏，
分不出美與醜，
道不出善與惡。
一切
因我而趨向落寞。

鱗鱗復鱗鱗，
清香，傳進了窗櫺，
疏影，呈現在瞬間，
恰似一無邊的巨幅，

剛著上幾處潑墨。
合歡、奇萊、屏風……
青山、德基、谷關……
都深深隱藏進
　這一大本無字的天書。
紅梅，
　無畏地綻放在武陵峽谷，
越冷，開得越是坦舒，
又哪管它是零下八度！①
櫻苞，
繁星般的點點掛落在屋角枝頭，
幾許古老建築，
　還依稀留下
三十多年前的東瀛江户；②
丹楓，
　展笑在梨山
岡陵起伏的蜿蜒道旁，
撩起了紅葉上題詩——
　幾百年前的綺情故事。③
蒼松，
　在大禹嶺，
巉岩峻拔長廝守，
飛煙沉霧永凝眸。……
蜉蝣天地，
露雪人生。
留此長虹，千秋共④，
長春祠中芳名崇。⑤

註：①武陵農場的花匠說：紅梅自日本移植，要在此地才能開花，最冷時是零下八度。
②谷關尚有日據時期的建築物。
③宋代張實所作的「流紅記」，記載紅葉題詩的故事。
④臺灣中西橫貫公路（簡稱「中橫」）有「寶島長虹」的美稱。

⑤長春祠在太魯閣，祠中勒石刻記爲中橫公路而殉難的人士，供觀光遊客膜拜。

一九八一、一、一七起
作者有中橫三日之旅

觀音山上眺望

把林口台地做個棋盤吧！
大漢溪新店溪打了個結，
　誰管它叫淡水河呢？
關渡的心地可好，
　硬是把基隆河拉了來，
跟淡水河拴在一塊兒；
躺在西邊的臺灣海峽，
活像是個大力水手，
要不，
　怎敞開了臂膀，
　　拉撮著淡水河不放？
東與南那廂的山群呢？
是福爾摩沙的長城吧！
但，看到了
裘恩與娜拉來時的三面黃旗，①②
誰還來回憶那

塵封千年的西戎北狄？
且在天幕上作些兒潑墨；
如果帶來更多的畫具，
不妨
　畫一道彩虹，
　著幾朵雪雲，
　再描一頂紗帽，
　繪座山—面天。

夜空
　是個星星的海洋，
儘管編織你的天方夜譚，
為什麼給大屯山區的
卻僅只是七顆星呢？

後記：一九八五年十二月初，再登睽違廿餘年之台北觀音山（標高六一二公尺），先至凌雲禪寺，見增建新寺，矗立著千手觀音巨像。登山頂四望，諸感交縈。

註：①裘恩、娜拉—均颱風名稱。
②三面黃旗—颱風警報信號。
③紗帽、面天—均台北山名。
④七顆星—指七星山，山名，共有七峰，圓秀如星，故名，標高一一二〇公尺，爲大屯火山群之最高峰。

草嶺古道行

笑談中
遠望坑適纔過了；
倏又是
步登石磴如梯。
魚貫群
簇擁上山間狹徑；
還有誰
激發尋找仙跡的雅興？
山溪清淺
縱有心品嘗，
怕也難喝出
先民斬棘披荊渴飲時的清勁。
埡口颯颯的疾風
誰稽考它吹拂過多少世紀？
儘管有千萬遍旅人過往：
不變的風與草
縱情廝殺
　纏鬥未休
總還是那樣耽迷於較勁。
一想起古老年代
就有人要把山遷移、海填平，
便難怪那一方之雄
也要憑毫揮墨灑、碑立石勒，
來鎮扼風之暴、山之魔；
更甭追問當年
懸崖駿馬跌死了多少。

註：草嶺古道位於臺灣東北角海岸風景特定區，草嶺又名「薩薩嶺」，在貢寮至大里之間，沿途有遠望坑橋、跌死馬橋、「雄鎮蠻煙」碑、「虎」字碑、大里天公廟等景點。

福壽山農場

看雲，似雪
　在山群、岫谷中蕩漾；
蒲公英，
　點點染黃了山坡；
古松擎天，
　那造山歲月
　不知還曾記否？
天池高踞山巔
　小林繞池畔
　水面樓影懸；
登亭觀雲，
　雲過山間斷；
木屋立林中，
鳥陣翔晴空，
山重峽深煙嵐靜，
蜜桃色妍賽硃紅；

清清幽谷水，
蜿蜒產業道；
果木翠連枝葉茂
林葉清芬淨塵囂……
樂此天然美酒，
只須淺酌幾小杯，
何須欣羨
　酩酊扶醉歸

附記：一九九八年仲夏，社區組隊訪中橫谷關梨山，初宿福壽山農場中小木屋，夜涼如秋，床眠覆被。農場兩千五百多公尺高處有天池，登池畔「觀雲亭」，縱目中央山脈群，映眼樹苗，成林可期，草茵花錦，恍若世外。農場地近梨山，爲度假勝地。

青青草地上

——在國立故宮博物院前

青青草地上，
柔柔的風，
把五月的花香，
攙和在樂歌聲裏，
韻律跟節奏，
更使人陶醉。

青青草地上，
清歌曼舞，
左一徘徊，
右一徘徊，
勾肩搭背，
進前、後退。
跳罷「青春舞曲」，
「採蓮」，又揚聲唱起。

青青草地上，
夕陽，
擺布了萬丈霞光，
鐘塔下，
聽不出
「滴滴答答……」，
但它，
隨著星球、日、月，
晝盡夜繼不歇息。
——常行者健，
有為者強。

青青草地上，
鷺群振翮翱翔，
越過緜聯的翠峰，
飛往邈邈的藍天。
——邁向永恆，
無限向前。

大公園社區

觀音、紗帽
左擁右抱倆相望
淡水長河水悠悠

崙頭、崙尾
東蟠西踞鞍接連
如兄如弟不分離

似雪梅花七里香
相思樹林有金浪
蔥蘢長春翠如玉

市區，你居水泥大森林
郊地，我住房屋像階梯
人兒跟車子比早起
你儘管呼嘯我屏息
要爬上巔峰你不行
說起誰贏　我勝利
八九十歲　不稀奇
天天趕早兒鍊身體

白天，望群山美麗如畫屏
夜晚，看平原燈閃像星燦

春來，牧草兒搖搖打招呼　花兒嬌
夏至，椰子樹長長影兒高　松鼠躍
秋天，涼風兒習習知了叫　月圓好
冬日，聖誕紅妍妍佳音報　新年到

靶場
ㄆㄧ　ㄆㄧ　ㄆㄚ　ㄆㄚ疑鞭炮
登山人潮勝車潮

士林 翠山里
大公園社區

二〇〇六、五

秋登大崙尾

剛踩上登山口
清風，已趕早兒在山塢迎候；
初秋的清冷纔收進雙袖，
拂面的谷嵐又奔來同遊；
輕登泥階、石級
枯枝敗葉驀然躍起，
藤蘿竹木灑下的碎影款擺搖曳；
汗濕衣衫哪還記憶？
只仰沐於崙頂的松濤雲羅，短泳便夠，
再啜幾口嵩箕日月的瓊漿，無須帶走。
今兒，只這剎那的午前午後，
已是義皇消受；
佇立山巔，只聽見飄逸的白雲笑問：
「人間是否還有恁多的閒愁？」

一九九三、一

註：大崙尾山，標高四五一公尺，跟大崙頭山（高四七八公尺），同爲台北市郊可作一日遊的登山勝地，山友多由故宮博物院經雙溪中央社區上山。（有213、255公車通行）

五月相思花滿樹

——士林大崙尾山花景兩帖

之一

纍纍簇簇，
沉落了綠與翠，
金黃浮漾枝頭醉。

許是——
疊疊情，意深重，
欲訴無從寄。

許是——
會偏少，離愁多
綺念盈胸臆。

萬綹鬱結成花集
綻向山林恣意說。

之二

儘管它枝榦密緻，
但，似她婀娜矯健軀肢；
儘管它綠葉一片片，
但，似她纖柔玉指萬千；
儘管它球蕊一顆顆，
但，似她綺思幽情個個；
儘管它長筴色棕赭，
有相思子在裏頭兒藏臥。

日子三百六十五個，
風雨陰晴葉長青，
此刻，為什麼
鵝黃花蕾
彌漫盈盈，競綻枝頭？
——瞧！
那不是，
蜂蝶兒似點水、如穿梭，
「思思，思思…………」
輕巧地，
打從這花兒的海洋掠過？

【五】童詩

喜悅

林梢冒出了嫩嫩的新綠
原野有百媚千嬌的芳叢
青春活力展現
還有醉人的東風
果園有荔紅一串串
海濱的雪浪一波波
那是光與熱孕育的笑容

稻浪雲般湧
銀輝映菊黃
鵲橋年會
牛郎織女喜相逢

莊稼有堆滿作物的穀倉
各業有決算盈餘的帳房
家家門前貼出紅的楹聯
「春色盈門、丁財兩旺」

一九九五、三

歌

歌　有千萬對的翅膀
飛翔，飛翔
飛到天涯海角
飛向四面八方
歌　穿了各式的衣裳

聽！
進行曲、軍歌在演奏
是一支千萬人的隊伍
戎裝威武　正步挺進
陣容壯盛　神采飛揚
看！
霓裳羽衣曲伴著宮廷舞
綵帶勝游龍　身輕如飛燕
飄移蓮步舞蹁躚

歌　有情感
傷痛聲悲悽
歡樂音輕逸
壯烈氣磅礴
別離情依依

歌　沒疆域
典雅的詩詞
優美的曲調
感人的旋律
大千世界走東西
歌　讓人心情舒暢
歌　教人迎接光明
歌　使人充滿希望

一九九五、五

造福靠自己

管它爛泥地：
沾污了，
自個兒沖洗；
滑倒了，
自個兒爬起。

管它多荊棘：
刺傷了，
有啥個關係？
淌著血，
還是跨向前去。

趁早莫遲疑：
多嘗試，
造福靠自己；
多流汗，
「天才就是努力」。

世路有折曲，
人生有險巇。
攜手並肩，
團結奮勵。
不回頭，
不歎息。
只要跨向前去，
只要跨向前去；
成功一定屬你，
成功一定屬你。

一九八〇、八

兒時

兒時
就像報曉的雄雞
送來了黎明的曙光
也像春神的來臨
草木披上了新綠
蘋果泛紅的臉頰
酒渦兒嘴角邊掛
一次的展笑
就好像綻放出鮮花幾朵
兒時
是無數個笑靨編織的季節
　芬芳甜蜜　無憂無慮
它是
　春的花壇
　春的野宴
它
　迎接光明
　生機洋溢

兒時
就像　登摩天大廈一〇一
滿懷衝勁一級級的攀上去
也像仲夏強勁的陽光
　加足了茁長的馬力
兒時
是個
踏實扎根欣欣向榮的季節
　揮汗勤作　邁向成熟
它是
　夏的田園
　夏的果樹
它

發展　力強
成長　氣旺

兒時
是不怕摔跤的日子
常常跌倒　也常常爬起

兒時
是在草地上打滾追逐的日子
嬉戲翻筋斗
抹上了眉梢存淤泥

兒時
戲水捉蝦小河邊
夏夜月下撲流螢

兒時
歡唱「萬里長城萬里長
四萬萬同胞心一樣……」

註：①臺北市信義區有「一〇一大樓」的高層建築。
②萬里長城——歌名，對日八年抗戰時，甚為流行。當年全國人口是四萬萬。

接力

藍藍的天空
兩個圓球接力跑
白天的球紅　熱烘烘
夜裡的球白　涼如水
紅球常渾圓
白球常殘缺
紅白紅白接著跑
天長地久永不老

熱鬧的市街
三色燈看守街頭
紅燈亮時人車停
黃燈閃起忙穿越
綠燈出現平安走
紅黃綠來勤接力
一分一秒沒稍息
日曬雨淋不歎氣

一九九六、一〇

玩水彩

太陽公公
最愛在天上玩水彩
清晨
在雲端
灑得處處金樣黃
傍晚
在西方
塗上脂紅淡又濃
雨後
在山坳
抹上彎彎的彩虹
有時候
著些兒白雲
浮在藍天上飄動

一九九六、九

朝雲

天空，
　是一大張淡藍的畫紙
雲剛醒來
就在那兒作畫：
　多少團棉花糖
　多少個海港灣
　稀鬆的寒雲川
　長長的白沙灘
　迷茫茫的霧氣
　大小隻牛和羊
有些
　大街或窄巷……
你可知道
　才一剎那
是誰
　又下了工夫
竟讓它們全都變了樣？

一九九七、九

黃昏

夕陽依山，
霞光漫天，
像紅蓮朵朵，
像絡絡絲綿。
有說不完的變幻，
有描不盡的形象，
　多麼教人留戀。
金色時光，
早已揮手道別；
豐收季節，
剛剛說過「再見」。
與其空歎黃昏時短，
何如再造幾彎清淺！

一九八〇、二

找不到銀河

星星
　如果可以摘下
　那就摘它幾顆
雲彩
　如果可以採集
　那就採它幾朵
帶回家
　裝在天花板上
夜來了
躺在沙發上
看星星閃閃爍爍
看雲朵飄飄浮浮……
欣賞天象
豈不是方便許多

只是
　想摘想採的人好多
天上　將看不到星斗
天上　將找不到銀河……

一九九五、一〇

君看葉裡花，能得幾時好？
今日畏人攀，明朝待誰掃？
可憐嬌艷情，年多轉成老；
將世比於花，紅顏豈長保？
——唐僧　寒山

星星

靜靜的夜空
歇息著千萬隻螢火蟲
　有的銀河西
有的銀河東
閃閃爍爍春又冬
靜靜的夜空
　隱藏著千萬對小眼睛
有時睡矇矓
有時光炯炯
從沒見過太陽紅

一九九七、六

登山樂

「嘿唷！嘿唷！」
登山的朋友，
來呀，走吧！

吹一吹口哨，
說一些兒笑料；
「吱吱、喳喳……」
聽小鳥兒喚叫；
健步翩翩，
學花蝶兒輕飄。

山程艱險，
　只要堅忍向前；
崎嶇迢嶢，
不怕背包、重挑。
攀上了巍峨山尖，

大夥兒高歌：
「白白的雲，
　藍藍的天……」
問一聲：
「白雲呀，
妳為甚麼，
一忽兒停，
一忽兒飄？」
「停的時候，
妳可是
　為了澄明跟清靜？
飄的時候，
妳可是
　為了躲避哪邊兒的喧囂？」

一九八〇、一〇

走在林中

天空
是一幅大畫布；
修長的枝幹，
是數不清的彩筆，
一枝枝往上伸展；
在畫布上
不管東來不管西，
不管高來不管低；
高高低低：
畫下了濃與淡，疏與密；
抹上了圓和長，紅和綠。
當太陽爬上山巔，
這大畫布上輪廓跟疏密，
又被勾勒得耀眼清晰。

一九九四、七

澗　流 兩首

之一

澗流，
是一首讚頌大自然的歌兒：
從日出到日落，
從黃昏到黎明。
……………
造物主，
忘了給她休止符。

凌晨，
小鳥兒早起伴奏；
夏日，
知了兒一同謳歌；
秋夜，
促織們月下應和；
到了冬天，
風兒　輕飄下
丹紅的楓葉一片片
醉臥在
她清柔的懷裏。

一九八〇、八

之二

一起步
　就在高高的山坳
為大地潤澤了條條出路
只是
　打從許多山頭來的同好　卻
　各唱各的歌謠
　各哼各的小調
乾旱期，一直哼哼唧唧
豪雨時，嘩嘩啦啦呼嘯
　從清晨到黃昏
從日落到破曉

聚一起
跟樹花的芳綠
林梢的知了
秋蟲的吱吱
松鼠的飛躍
縱情的為山巒歡笑

滑下山麓到田莊
首先與小溪兄擁抱
同弟兄們步過原野
又和大河伯推擠嬉鬧
走過高高低低
拐出彎彎曲曲
遠從南東北西的伯叔
迢迢而來聚一起
深廣萬里
茫無涯際

這時候，怎麼問
誰從東來誰從西
誰是他呀誰是你

一九九四、九

隨興而寫的詩，給人一種寧靜與超脫。這是基於某種穎悟，並能允許我在詩中摻入一些情趣。我醉心於這種信手拈來的東西，我相信往往會有神來之筆。

——捷克 賽費爾特
（諾貝爾文學獎得主）

更高．更好

△小弟七歲，常挺直了腰傍壁量身，與姐比高，姐說他光是身子高又有啥用？為何不把成績搞得更好？小弟逞強，說：「要比妳好！」

我說我好，
你說你好；
我說我高，
你說你高。

究竟誰高，
有誰知道？
究竟誰好，
有誰明瞭？

找根尺來，
知道誰高；
老師（父母）跟前，
才知道誰好。

高，再求高，
好，再求好；
再高，再好，
永遠不驕傲。

更高，更好；
更好，更高；
萬里看前程，
陽光要普照。

一九八四、一二

飛飛飛

飛 飛 飛
飛向前去又飛回
飛 飛 飛
高空翱翔低徘徊……
小飛俠①
自由來去
輕暢如風吹

飛 飛 飛
飛越一山山的青翠
飛過一家家的簾帷
飛 飛 飛
營巢一戶戶的堂簷
剪過一潭潭的秋水……
燕子飛
活潑潑 輕盈盈
春暖南去秋北歸

飛 飛 飛
穿過一座座城鎮
掠過一處處鄉閭
飛 飛 飛
遠從新店到淡水
還從木柵到竹圍
捷運列車
不停去 不停回
像小飛俠
像燕兒飛
地面滑行
高架飛馳
隧道進又出
像一條條銀色的飛龍
帶我覽勝趕忙南北追

註：①小飛俠—卡通片名。

臺北街頭

臺北街頭
人多車多
大樓
　整整齊齊像許多方塊酥
　高、矮、胖、瘦樣兒多
從高空中往下看
　一條條街道像
　一道道長河
　河上浮動著大小的紙盒
夜來臨的時候
只見到
燈光　長、圓、方正、花稍
　閃亮出
　紅、綠、藍、白的多光彩
這兒
　早已不是螢火蟲的家鄉

　更難得聽到的「嘓嘓嘓」
　蟬鳴的「知了、知了」
站在十字街口
　想看一看眨眼的星空
　我，好幾次擡起了頭

一九九七、七

詩不比人性好，也不比人性壞，詩是深刻的，同時卻又淺薄，飽經世故而又天眞無邪，呆板而又俏皮，淫蕩而又純潔：「時時變幻不同。」

——美　奧登

陽臺上

這兒—二十幾層高的樓頂
站在陽臺上
放眼看過去
哇
什麼阻攔都沒有
甭說是礙手礙腳
礙眼的　也說不上
只覺得
天空　更接近了
陽光　更強烈了
夜晚的星星　更亮了
遠的山　是掛在天邊的畫屏
近的河　是蜿蜒眼前的龍蟠
風兒說　多好哇
　我可以飄向無邊無際的太空
眼底下
樓廈，高高低低
地面，就是起跑點
大夥兒面向高空飛奔
但　並不是蹦蹦跳跳
　也沒有跨越馳騁
陽臺上
那麼多天線
　像一隻隻停留的蜻蜓
只是　從來不曾飛翔
　　也不曾起跟落
儘管把信息引進千門萬户
收視的大眾
領受了高歌和歡樂
誰曾想起
它們
受寒風
迎炎陽
動也不動　說也不說

一九九七、九

【六】歌 詞

雪花·梅花

雪花，擁出了朵朵寒梅；
寒梅，送來了陣陣清香。
雪飄時，梅花更顯出精神；
梅開時，雪花才不覺清泠。
白皚皚的飄雪，兆出豐年；
梅的山野林園，有我故鄉。
雪，年年要溶；
花，歲歲要凋。
只有梅的清操，教人忘不了。

註：①本篇及曲子原載大華晚報「現代人」之「我唱我歌」專欄，標題「要講究歌詞韻腳」。主編翟黑山先生介紹說：「林葉先生曾在本欄發表過「野柳之歌」，王宗一先生作曲也曾寫過『夢之涯』、『七月的念寄』等歌曲。歌詞部分相當清新簡潔，唯有兩處地方值得一提，其一、第八小節為一樂句之終止，似不宜使用『泠』字結束，因前三句均用平聲收尾，而第四句以仄音終止在音韻上似有不妥；其二、第三行第三小節『梅的山野林園』，與前面一句在詞意上既不對稱也欠缺統一，稍作修改可能效果較好。曲調方面王先生的作品，水準都很不錯，強弱、換氣、表情、樂速等記號可使音樂或歌曲更有較佳的詮釋和表現，這一點非常重要。希望寫作的朋友多多注意才好。至於音符方面，一首歌曲不宜使用太多的種類。例如八分音符三連音，與十六分音符，兩種性質均不相同，最好不要同時使用，以免破壞統一的風格。

②泠——原文「……不覺清泠」，「泠」，音ㄌㄧㄥˊ（直音「零」）陽平聲，有「清和」之意，如「泠泠」，解作「清涼」，如宋玉之風賦「清清泠泠，愈病折酲。」

一九八二、一〇

野柳之歌

海風吹不散；海浪，沖不壞。從往古，到今來，誰能數它多少代？
海風吹不散；海浪，沖不壞。從往古，到今來，誰能數它多少代？
像雪，不能踩，像花，不能摘。從往古到今來，澎湃澎湃澎湃！
像頭，轉不動；像鞋，挪不開；像葫蘆，千層糕，誰個不流連徘徊！

註：①本篇及曲子原載大華晚報「現代人」之「我唱我歌」專欄，主編翟黑山先生標題爲「歌、詩、文三者融一爐」，並介紹說：「野柳之歌」係以「歌曲」，「散文」及「新詩」三種型態同時出現的一種嘗試。

②前篇的「雪花・梅花」和本篇的曲子，已發表於「台北文獻」直字一三一期。

③散文「野柳之歌」及新詩「野柳之歌」已於六十七年二月在中副刊載，歌曲部分今由本欄發表介紹。

作曲涂敏恒先生現任新聞記者，政工幹校音樂系畢業，曾有多首作品在本欄發表。作詞林葉先生本名林詩治，公餘喜愛寫作。

本篇作者以「散文」、「新詩」及「歌曲」三種不同的體裁來寫作同一題材，既富有創意也很有趣味。

一九七九、一〇

明潭春曉

明潭好，明潭好，①
日潭、月潭，光華島；
奇萊、合歡，雪皓皓，②
霧社、碧湖，水滔滔：
潭光嵐影美難描。

文武廟，
　殿堂巍峨香火繞；
德化社，
　歌舞翩蹮杵聲飄；
玄奘、玄光，
　聽木魚、磬兒繞；
慈恩塔上，
　看白雲、彩霞迎曉。
涵碧凝翠，蝶舞花嬌；
欸乃聲中，鳶飛魚躍。

明潭好，明潭好，
日潭、月潭，光華島；
奇萊，合歡，雪皓皓，
霧社碧湖水滔滔。
潭光嵐影美難描。

註：①明潭—即日月潭：由日潭、月潭合而爲一。
②奇萊、合歡二山溶雪流注入霧社之碧湖（標高一二二二公尺），經人工涵洞匯聚於日月潭（明潭舊稱水沙連、水裏社、水社大湖、龍湖、珠潭及雙潭。潭中有光華島，北爲日潭，南爲月潭。）明湖湖面周圍卅五公里餘，高出海面七百六十公尺，面積一百多平方公里。遠在清朝，「雙潭秋月」即已被選爲臺灣八景之一而名聞中外。最近第一部機組已發電之明潭抽蓄水力發電廠發，電量居亞洲第一位、世界第四位，蜚聲國際。

一九九二、五

臺北願景

臺北好　臺北好
美麗都市　林園綠道
山川竝毓秀　文物熠清華
臺北好　臺北好
樓廈連雲　國際名城
智慧和汗珠　勤奮造榮景
臺北好　臺北好
模範都市　崇法好禮
族群融一家　同步現代化

二〇〇二、一一

紅燈・綠燈

停，停，停！
這是您傳送的警訊；
如果不肯信行，
您將讓他——
　膽戰心驚；
　血肉飄零；
失掉了寶貴的生命。
行，行，行！
這是您安全的命令；
只要號誌顯現，
車水馬龍——
　迸放衝勁，
　彎拐直進，
奔向那嚮往的前程。

人生的旅途有紅燈——
忌、恨、惰、爭
人生的旅途有綠燈——
信、愛、勤、誠
迎接新歲月，
願衷心祝福：
消除心靈上的紅燈；
讓綠燈明亮、永恆。

醉

何必
又何必，
一杯再一杯？
只輕輕笑對，
別提箇中滋味，
我心已溶化如水。
何必
又何必，
一杯再一杯？
只要手相握，
何須低聲細說，
兩心相許情脈脈。
何必
又何必，
一杯再一杯？

只月下水湄，
休説畫眉深閨——
柳蔭花前相依偎。
燕子飛去又飛回，
秋夜的星月又交輝；
分離的日子，
除了想你、念你，
我再也不想誰。

就這樣，
我望穿秋水，
我望穿秋水；
就是心成灰，
就是心成灰：
也沉醉，
也沉醉。

就這樣，
我午夜夢迴，
我午夜夢迴；
就算情已盡，
就算情已盡：
也沉醉，
也沉醉。

一九八五、二

後記：「君子之道，造端乎夫婦。」（中庸）但必須兩性之間，由「相看兩不厭」漸進於「相悅」、「相許」，然後可言比翼雙飛。惟涉此過程，男女雙方，常須藉媒體之介，庶可所表之「情」、所達之「意」，適切而無礙。「詩言志，歌永言。」寄情於詩歌，如嚶鳴以求友，實媒介之一端。

本篇曾於同人忘年餐會中朗誦，至「……我再也不想誰」時獲得熱烈掌聲之肯定。

廣慈博愛之歌

青天高　翠山連
松德路上好風光
看—
　松柏蒼蒼聳翠
　禾苗欣欣秀榮
這兒—
　幼老嬰婦是同胞
　孤弱殘障得安所
行大愛　在關懷
病痛如己
診察溫潤多勤快
我們—
盡己為人
任勞怨、立標竿；
熱心投入—「志願服務」
自動自發—朝氣蓬勃—
梵唄聖歌淨心靈
提撕輔引向光明
啊—
我們因緣來相聚
原各一方如鴻雁
自助互助同活動
真善美中有溫暖
大家—
謙和有禮誠相與
歡歡喜喜在一起
廣慈博愛
老安少懷
人性光輝
　春常在。

後記：一九八八年杪，台北市立廣慈博愛院爲慶祝該院二十周年院慶徵選院歌，院中社工組應婦女職業輔導所所長建議，郵送有關資料邀請撰稿。作者於「廣慈博愛」意旨，夙所心賞，惟該院諸般設施，未曾親睹，特爲走訪，承該院社工組熱誠引導參觀，驚歎其院所寬敞，且有醫療、佛堂、教堂等房舍，其於安老育幼、救助孤殘，具見「大同世」實作之端倪，而「志願服務」等理念，於群趨功利追逐、輕忽人文提振之今日，尤其有待促進共識，大家力行，庶幾可使理想早日實現，因而有此撰作。

【轉 載】

歌詞得獎作品（三首）

◎昨天、今天、明天①

歌，像快樂的天使，
飛揚著愉悅人的朝氣；
歌，像美麗的春神，
為人們心靈披上綵衣。
唱出雄壯的組曲，
我們的意志
更豪強、堅毅；
唱出生動的旋律，
我們的青春
充滿了活力。

我們高歌——
人生，甘甜如蜜；
我們高歌——
同舟，和衷共濟；
我們高歌——
長夜，終將過去。

昨夜，
我們歌唱星辰；
今晚，
我們歌唱黎明；
明天，
我們歌唱勝利。

昨天，
我們歌唱奮勵自強；
今天，
我們歌唱堅定不移；

明天，
　我們歌唱神州統一。

——①原載教育部印行之「中華民國七十四年文藝創作獎得獎作品專輯」歌詞第二名作品。（該年度首獎從缺）

◎我愛台北

台北，台北，你是我們溫馨的家，
台北，台北，親和安樂現代化。
陽明山，花似錦；淡水河，美如畫。
故宮博物，有多少漢家國寶？
艋舺劍潭，君知否當年物華？
石坊街，景福門，劉公銘傳經營深；
念往日，想當今啊，中原閩台是一家。
今天，人文，召喚我們心靈飛躍，
明天，科技，引導我們文明開花。
看我們——
彬彬有禮守秩序，
融融洽洽在一起，
政經文化，光耀國際。
看我們——
朝氣蓬勃齊奮勵，
愛國家，自強不息
啊！
台北，台北：
你的明天，還要更美麗，
我們永遠愛你，我們永遠愛你。

——原載『台北市政府徵選「我愛台北」歌曲』專輯歌謠第一名作詞作品（七十五年）

◎志願服務歌

乃役於人，非以役人
　犧牲奉獻為大眾；
散出熱，發出光，

莫道說
　人生如夢太匆匆。
施者有福，受施無愧，
　博愛行仁進大同；
你出錢，我出力，
明日裏
快樂天地放光輝。
為了這塊土地的美麗，
我們伸出溫暖的手，
　展現智慧的力；
精進奮起，
共同參與，
再創我們的奇蹟。

一九八八、一二

——本篇榮獲「台北市志願服務協會」頒發公開徵選之優勝獎作品。原載該會會刊。

傳統詩

論詩

絲絲入思織錦縑，高山流水泛大千；
若問靈通何所似，試賞飛魚躍九淵。

二〇〇六、三、一二

寫作

豈為沽名遠寂寥，小舒胸臆擬笙簫；
千般看似東流水，笑歷靈山說嶕嶢。

攝影

攝影留形綜為真，縱乏動境亦傳神；
人間卸卻緣情分，葉落灰飛泥與塵。

臘盡

梅綀楓丹聖誕紅，臘盡彩奪碧山光；
曉步寒林盈階葉，暮覽鞍崚疊翠峰。

丁丑詠牛

勤助稼穡未辭艱，犁動霜土頻運搬；
生肖序列甘居次，薄取厚眾冠等閒。

常樂我淨①

已無纖塵沾心扉　樂道是是捨非非
世事幻幻鏡花月　何如靜裏浥清輝

註：①二哥寄「觀音經」，道及病中虔誠常念，有助速愈。題目爲經中句子。

稿齡57自遣①

亦名亦利亦獃癡，血瀝心嘔鬢髮稀；
若還縈計錙銖事，不是市儈亦蠢驢。

註：①一九四九年初寫詩歌，刊載臺中市民聲日報副刊，嗣後隨興投稿，迄今未輟。

二〇〇六、五

國慶煙火（兩首）

火樹銀花朵朵開，曚曨人影樓陽臺；
煨紅綠紫秋空裏，疑有彩瀑天上來。

煞似飛龍群上天，晴好此日興無邊，
中興橋畔康定路，車潮聲消人萬千。

一九九一、一一

第二屆國代選戰①（五首）

殫思竭慮耗錢鈔，修憲制憲議論多；
民主政治千秋事，遠瞻大局望驥騖。

文爭武鬥逾常倫，統統獨獨誰家春
國祚民祉非兒戲，寧讓晴空漫烏雲？

烏龍作秀時已遷，譸張為幻競巧先；
公義史實根元在，耿光大烈有堯天。

公理哪有婆理多，宴飲遊說勤穿梭；
熱炒冷嘲成混仗，雪片文宣井揚波。

應是民選識未清，多黨政見陳還新；
大同之治導向在，何須輕票若輕塵。

註：①報載本屆選舉廢票多達八十萬張。
②國代—「國民大會代表」之簡稱。

贈青少年（四首）

桂子飄香又一秋，年華如水不回頭；
少小不立男兒志，老大應悔多煩憂。

風過梧桐葉漸稀，北雁亦知南飛時；
楓紅東風吹又綠，唯有青春無貳期。

未羨書中顏如玉，遑計書中黃金屋；
浸淫涵泳窮究樂，明辨創新不為奴。

電玩冰宮困室中，何如山林沐晨風；
賭將蕩產酒亂性，不溺聲色樂未央。

附記：詩教化俗，爲青少年犯罪率之高而寫。

一九九二、一一

雙溪晨景（三首）

晴山翠嶺畫長屏　橫疊豎砌疑雪冰
旭日擎起金光帚　掃抵天邊一色清

小立林中迎曉曦　清氛入袖風拂衣
栗鼠渾似人間意　枝頭纔過又戲別

山間信步走幾千　汗涔髮煩目澀酸
蟲鳥邂逅亦朋友　雲衢路遠已了凡

感　時

酉年元日雨絲絲　歲促時飛渾未知
世事茫茫浪濤湧　雞鳴好作起舞時

即　景

葉落疑蝶舞　雲飛幻景勾
風解廣化意　綠偏溪山陬

可　喜

韶華如春駐　伶俐常笑容
顧曲審音律　臨夏泳海中

災連

祝融步隨納莉颱　乖舛連連倍傷懷
天心原是多善佑　良民何辜蒙苦災

元月　梅謝櫻開

擎天織地鋪飛花　妍紅領盡此風華
雪梅前行萬葉翠　結子先報百鳥誇

納莉颱風重創北臺灣①

芳蹤潑辣亦怪哉　三日徘徊夷北臺
山道成河石土流　捷運癱瘓屋傾埋
樹倒葉碎根盤露　水鄉澤國釀巨災
搶修工匠難雇得　電動扶梯說 Bye Bye
車輛灌泥變廢鐵　垃圾墟坵衝鼻塞
教師職工齊動員　無畏校區泥濘海
家破人亡一瞬間　淚眼呼天頭難擡
濫墾減工留後果　植木護土快步來
眾民連心相馳援　是我同胞同襟懷
夜以繼日勤整頓　新貌漸現笑開顏

註：①二〇〇二年九月納莉颱風來襲，三天兩夜，盤桓北台灣，汐止水淹至三樓，受損不貲。

美國九一一事件①

劫機輕毀雙子星　五角大廈震天驚
群英何辜灰飛滅　萬方騰沸撻伐聲

駐：①二〇〇一年九月十一日回教恐怖組織之賓拉登發動襲擊美國紐約之世貿大廈等建築，受創損失難計，美英等國因此發起了報復行動，已在阿富汗境內大創庇護該組織之阿國神學士政權。

遊日隨筆（五首）

東京上野櫻景

初訪北國喜芳菲　蔽空花海興欲飛
輕歌曼舞席地樂　疑似羲皇夜不歸
綺媚丰姿勝粉妝　市町村野一見同
最是上野花陰道　如織遊人醉芳容
酒濃何如萬葩穠　占盡扶桑此春光
鵓鴿亦知迎遠客　昵繞棲肩娛四方

奈良公園賞櫻偶雨

片片花飛疑雪飄　雲羅霞映雨蕭蕭
纖妍枝頭無點綠　芬芳叢裏最妖嬈

東京衢肆、車站多署中文，京都平安神宮、東本願寺等為仿唐建築有感

漢字異域無此多　街頭巷尾一筐籮
大國流風追唐世　文物煥新有僧佛

韓遊雜詠（七首）

初遊漢城

太極飄飄桃月天　箕子三千百餘年
方方諺文似我多①　滾滾漢江北岳山②

景福宮懷古③

云是失國卅五秋　客裏歡情見説愁
勤政殿苑今猶在　當年總監水悠悠

敬天寺石塔

石本麻頑无所親　龍章佛像見精神
連城價傾國與運　故土璧歸史揚珍

弔安重根

報國一如博浪椎　碧血丹心遑計危
俎豆千秋同揮淚　英名萬古永昭垂

懷新羅文武王④

主導國政具先知　東鄰未忘寇患深
一統三國功業在　化龍猶念杜稷殷

慶州勝蹟⑤

金城美名千百年　文化勝蹟無牆緣
鐵馬金戈塵飛去　如今堆堆塚中眠

佛國寺⑥

吐含名刹道佛國　紫霞前擁後無說
釋迦多寶塔依舊　洪鐘美館頌佛陀

註：①周武王（西元前一一一二二年）封箕子於朝鮮。一三六九年明太祖洪武二年封王顒爲高麗王。原皆使用漢文，至一三九七年李朝第四代國王世宗時，才創造了「諺文」（由十個母音和十四個子音拼成的現行表音文字，如又、人、二、丄、匚、口、下、己、从（一說母音十一、子音十七，現減爲二十五。）組合後，形似中文方塊字。諺文單獨使用，或和漢文混合使用。

②漢江—源起五台、金剛二山，繞漢城東、南入黃海。北岳，山道長十三公里，下瞰漢城街景，號稱「百里長城」的外廓，景觀綺麗。（漢城現更名爲「首爾」）

③景福宮—爲漢城最富麗堂皇之古代建築，在國立中央博物館與韓國民俗博物館近側。

④文武王曾說：「國家將會統一，但不久日本可能入侵，爲了保護國家，將我沉入海中，我將化爲龍，永遠保衛新羅。」按王曾統一古朝鮮之三國（高句麗、百濟、新羅）。

⑤慶州：係新羅王國開國祖奠都之所在（自西元前五十七年至末代王凡九九二年），古蹟甚多，古稱金城，或稱之爲沒圍牆的文化博物館，古墳多達一百五十座以上（散布在長一公里、寬一公里半的盆地

上），外型為圓形土堆，未立碑，以「天馬塚」為最著名（陪葬品武器、金銀飾品等一萬二千二百多件全部依照原位置，陳列在棺槨四周之玻璃壁櫥中），作者曾入內參觀。緣，音ㄩㄢˋ（怨），邊也。

⑥佛國寺：為韓國歷史最悠久、最完美而壯觀的佛教聖地，位距慶州約十公里的吐含山腰，松林風清，景色宜人，正殿前有「紫霞門」，後有「無說殿」，與寺名均使用中文楷書，清秀渾厚。寺右上方建有僧舍。

基隆名勝（四首）

和平島公園①

海蝕崖岸奇景多，水穿丘阜通貫天；
龜行鰻走斑魚泳，浪激海溝濺腰肩；
孩童水戲潑灑樂，火車軌單馳飛圜；
船玩碰碰競擊撞，北斗比連拱圍邊。

註：①公園有「海蝕崖」等奇觀，與北斗子漁港比連，為海防要地。

中船第二廠①

久踞港口扼雄關，巨艦舨舶集海灣；
巧造重修千秋計，運通五洋萬國歡。

註：①該廠原名臺灣造船廠，中船公司成立後易今名。

協和發電廠①

基隆港外基隆島，日日帆舉迎浪濤；
曦映海水淡淡藍，潮弄岩層疊疊高。

註：①該廠址近海濱，景色甚佳，夏日晨間，可供海泳。

情人湖[1]

大武崙山忒情多，湖稱情人傳笙歌；
橋渡波沉心流水，山晴風清樂自甦。

註：①情人湖原名「五義埤」，位於外寮里大武崙山上，湖水澄清，有形似碧潭之吊橋跨越其上。

一九九二、九

旗津即事（三首）

長嶼纖纖似沙肝，貨櫃散集擺港灘；
椰實涼甘清喉舌，海鮮紛陳擁君前。

運車載客同費資，笑謂物人價等值；①
喜見新道地下過，畢竟人算勝天思。

遙觀鷹雁群飛天，邇近始知戲紙鳶；
沙灘馬路熙，海峽船艦懸水天。

註：①旗津在高雄港外，有渡輪供衆搭乘，遊客票價與機車同爲十元。

登大霸尖山（兩首）

酒桶倒懸世稱奇，行看雪山冰斗峰；
巖滴簾垂水冰結，山鵑葉翠苞泛紅。

三〇五〇高地赴大霸尖山途中

遙觀小霸疑猩頭，山色青青月如鉤；①
茫茫雲海黃塘水，幽幽深谷一巨溝。

註：①一九九〇年十一月山友同登大霸尖、伊澤、加利三峰；另有小霸尖山相鄰。

蝶雙飛（四首）

栩栩雙蝶飛，翩翩入翠微；
彼東此亦東，比翼樂相隨。

栩栩雙蝶飛，翩翩入翠微；
彼西此亦西，一栖一飛迴。

栩栩雙蝶飛，翩翩入翠微；
日炎炙難阻，葉陰癡迷醉。

栩栩雙蝶飛，翩翩入翠微；
于飛小天地，愉悅不思歸。

註：夏午所見，曾爲之綺思溢懷。

土城承天禪寺

清源山上寺承天　西望閩泉溯本源
廣欽道高開福地　法雨普施萬口傳

中和圓通禪寺（兩首）

雨裡訪山亦快哉　塵清香杳泛青苔
方疑僧侶身何處　院側忽傳梵魚來

醒獅馴象傍佛門　彌勒坐中笑迎人
欣見俗流出塵者　闔家寒雨禮釋尊

臺北燈會

桃孫楹聯跡已稀　拜年爆竹遠迷離
中正堂側燈萬盞　勝事還是元夜時

詩心如鏡映群英　燈照朗朗益慧明
塵飛霾去大道在　佇看春臨黃河清

八里漢民祠①

行俠仗義重典型　高風躍然有遺芬
英年受陷情堪記　八里立祠感瀛鯤

註：①該祠位於台北縣八里鄉，紀念廖添丁也。廖氏廿七歲時，因有如水滸傳中「替天行道」之人物而受日警誘捕喪生。

廬山詩（四首）

憶健行（霧社↓↑廬山）

足健未計路迢迢　觀雲餐霧問牧樵
甫瞰碧湖崖千尺　又過雲龍第一橋①

即景

昔日未見此車群　如今朝山四季春
菰香橋畔途為市　櫻紅枝頭泉恆溫②

雨後

雨時濁濁晴時清　滑過亂石入潭青
涓涓匯逐洪流去　不留山中伴日星

松田別館聞水聲

日日夜夜未稍停　雨後聲喧兵車行
溪底本多崎嶇地　任它滔滔說不平

註：①霧社至廬山間之雲龍吊橋，海拔高度爲臺灣第一，現已另建鐵橋，通車稱便。
②廬山溪流注入霧社碧湖，上有吊橋，溪側溫泉旅社、山產店甚多；春賞櫻花、夜聽水聲、洗溫泉浴，一樂也。作者四度作此遊。

一九九二、六

二二八和平紀念公園（六首）[1]

即　景

翠亨閣旁水幾彎　蓮花池畔人坐禪
兒童也學拳師道　揮刀舞棒蹦幾番

一九七一、一

杜鵑盛開

畢竟人力勝天工　公園到處滿山紅
冰肌玉膚疑似雪　堆紅玫瑰競豔芳

一九七一、三

雨中漫步

雨中漫步最清鮮　洗盡煙塵花更妍
忘情本是太上事　石樹葉上數留言

一九七〇、一二

音樂台前

露天條凳露水珠　點點滴滴眾萬殊
清晨陽光召我去　已袪人間有與無

一九七一、一

觀　魚

荷花凋殘菊花開　翠亨閣旁細徘徊
遊人但有羨魚趣　誰憐海洋不能歸

一九七一、一

池魚

搖搖擺擺方寸中　未解身外有汪洋
偶飄落葉浮水面　競逐吞取爭霸雄

註：公園爲原來衆所習稱之台北新公園，園址在市區中心之重慶南路一段。有亭閣蓮池、博物館等設施，爲台北最具規模，最受青睞之遊憩所在。

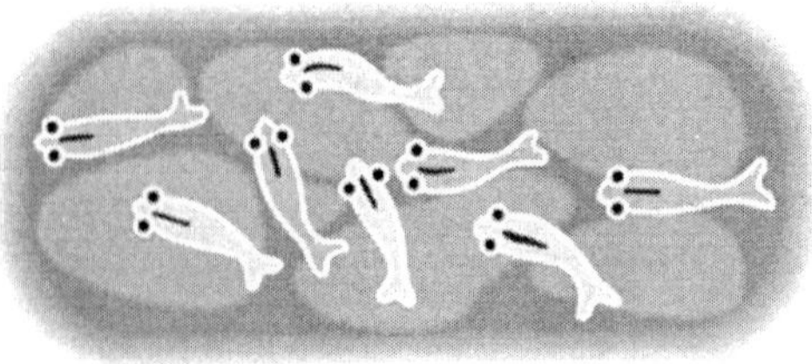

應用詩・題詞・聯

名畫家九秩壽慶賀詞

望重藝林

（係一般通用「藝林望重」改寫）

寄友金婚賀詞

克己溫清勤侍親　鶼鰈情深慶逢金
綿綿瓜瓞行有道　桂子蘭孫膝語馨

醫師聯姻祝詞

謙謙濟世溢真淳　互敬互愛更溫存
喜偕白首兒孫樂　處處妙手記回春

春節賀鄉賢九秩大慶

福比東海壽南山　纔上巔峰慶春天
兒孫承歡慈孝樂　桃城同祝頌永年

祝高中校長八秩壽慶

春風雨潤澤未央　杏壇揚芬譽健雄
欣逢鵲歌頌眉壽　期頤再祝會桃觴

二兄八秩大壽祝詞

滿心歡喜
您匆匆就走過了八十四個四季，
它有陰晴，也可能有風雨。
雖然同住地球村，
卻因兩岸阻隔，太少相聚。
如今，幸能享到天倫的甜蜜。
您在銀髮跟蠟燭相映的輝光中，
既有淡泊而寧靜的心靈世界，
也有兒孫陪伴繞膝的歡笑。
「健步向前跑，順心平安；
充滿喜悅，常伴美好。」
請接受我這誠懇的祝語。

一九九九、九

莊雲惠君新詩水彩畫展賀詞

是畫的詩
是詩的畫
是絲絲靈線
細織的綺夢
舞在秋風裏的黃葉
像美如翩翩的丹楓
讓寒雨甫過後的藍天
懸現出絢麗的彩虹

一九八八、一〇

贈德化師範①永春學友詩（兩首）

題同學錄出版

「師人人師」五十春
「己立立人」志行存①
欣閱名錄喚舊憶
客夢西窗有餘溫

學友組團旅遊

龍潯剪燭疑昨秋
兔走烏飛今白頭
鵲傳硯友偕行旅
病榻興起逸神州

一九九九、一

二〇〇五、八

註：①師人人師、己立立人—係福建省立德化師範校歌中詞句。
②德化師範後來遷至南安縣之詩山，更名為福建省立南安師範。（德化，縣名，以出產瓷器著名）。

「協源林記」憶舊

協力同心木本同根茂為**林**
源遠流長里仁留徽誠當**記**

註：髫齡村居，秋收時每見雇工，肩挑穀物，穀袋上有親人楷書之「協源林記」四字，撰此留與後人共勉。

診所命名、題詞

德惠牙醫診所（命名）、

頤德惠眾（題詞）

註：命名，係因所址近台北市德惠街（大同大學校門對面），蘊義亦佳；題詞，含勉勵之意。

悼胞兄景山

卅一秋冬兩茫茫，往事黃粱一夢中，
廈大笑影今似昨，曾厝垵寓琴猶鍾；
鴻斷雁零容已邈，翼折鳳去情未央；
海峽滔滔同咽淚，為道來生應相逢。

註：長兄景山一九九〇年七月於廈門往生，壽七十四。

一九九〇、九台北

送兄行（七首）[1]

挈眷揹包探兄行　營養補充最關情
早餐桌上歡相聚　時傾近況笑盈盈
「胡作非為」幻非真　老來病多劇堪憐[2]
何意一跌骨復折　疝氣手術添苦因
乘風西去如落英　世路崎嶇何時平
笑問曾道無冤抑　病中難解傳惡聲
堂堂男兒樂請纓　保國忘家勝育英
奮勵立強參筆陣　「我要回去」報天庭[3]
淒風苦雨送兄行　台北員山羅東情[4]
人生終程誰能免　哭兄幾度目難清

憶母念兄情難傾　望斷雲山寒五更
欲嚼兄照解心結　妹出婉慰淚盈盈
憶父詩書傳家情　督學弘遠揚聲名⑤
兄今歸去應無憾　時侍椿萱盡孝行

註：①三兄於二〇〇五年五月廿二日跌交骨折，進榮總住院，因渠患有糖尿病等症，於十二月廿三日在宜蘭員山之內城往生，在羅東火化，回首來台往事，倍覺傷情。兄名詩王，國立台灣師大國文系畢業，時以詩歌創作自娛，清正愛國，不愧爲一榮譽國民，身後作者爲渠立嗣，承繼香火。

②兄病中曾有「胡作非爲」之虛念，醫告此乃兄幻覺所致。

③「我要回去」係渠永訣之語。

④兄病中，作者挈眷輪流探視於此三地。

⑤父親擔任安溪、德化等縣督學後退休。

墨趣

吹破碧雲何處簫、一輪捧出九層霄、影沁秋水無渣滓光閃明星欲動搖、萬古不磨惟比鏡、百歲幾度是今宵、願天月與人俱好、暗把心香歲歲燒

節近中秋、錄席佩蘭女史詩

庭院深深深幾許、楊柳堆烟
簾幙無重數、玉勒雕鞍遊冶
處、樓高不見章台路。雨橫風
狂三月暮、门掩黄昏、無计留
春住、淚眼问花花不語、亂
紅飛過秋千去。

六四、六、廿五

歐陽修 蝶戀花

少年聽雨歌樓上，紅燭昏羅帳。壯年聽雨客舟中，江闊雲低，斷雁叫西風。而今聽雨僧院下，鬢已星星也。悲歡離合總無情，一任階前點滴到天明。

蔣捷　虞美人　听雨

樓上千峯翠巘、樓下一灣清淺。寶簟酒醒時、枕上月華如練。留戀、留戀、明日水村烟岸。

又

野店幾杯空酒、醉裏兩眉長皺。已自不成眠、那更酒醒時候。知否、知否、直是為他消瘦。

向鎬如夢令 書於弋陽樓

飄飄千里雪　倏忽度龍沙
從雲合且散　因風卷復斜
拂艸如連蝶　落樹似飛花
若贈離居者　折以代瑤華

梁裴子野詠雪

千古江山，英雄無覓孫仲謀處。
舞榭歌臺，風流總被雨打風吹去。
斜陽草樹，尋常巷陌，人道寄
奴曾住。想當年金戈鐵馬，氣
吞萬里如虎。　元嘉草草，封
狼居胥，贏得倉皇北顧。四
十三年，望中猶記，烽火揚州路。可
堪回首，佛貍祠下，一片神鴉社鼓。

憑誰問：廉頗老矣，尚能飯
否？

右錄辛稼軒永遇樂京口北
固亭懷古詞一闋。
六五、元、十六、

佳麗地，南朝盛事誰記？山圍故國
繞清江，髻鬟對起。怒濤寂寞
打孤城，風檣遙度天際。斷崖樹，
猶倒倚，莫愁艇子曾繫。空餘
舊迹鬱蒼蒼，霧沉半壘。夜
深月過女牆來，傷心東望淮水。
酒旗戲鼓甚處市？想依稀，

王謝鄰里。燕子不知何世，入尋常巷陌，人家相對，如說興亡斜陽裏。

周邦彥西河金陵懷古

六五、正月初二值班

歷覽前賢國與家，
成由勤儉破由奢。
何須琥珀方為枕，
豈得真珠始是車？
運去不逢青海馬，
力窮難拔蜀山蛇。
幾人曾預南薰曲，
終古蒼梧哭翠華。

李義山 詠史 五九、十二、廿六

東風吹落戰塵沙
夢想西湖處士家
祇恐江南春意減
此心原不爲梅花

元劉因
觀梅有感

六二、四、廿五

達哉達哉白樂天，分司東都十三年。
七旬纔滿冠已挂，半祿未及車先懸。
或伴遊客春行樂，或隨山僧夜坐禪。
二年忘卻問家事，門庭多草廚少烟。
庖童朝告鹽米盡，侍婢暮訴衣裳穿。
妻孥不悅甥姪悶，而我醉臥方陶然。
起來與爾畫生計，薄產處置有後先。
先賣南坊十畝園，次賣東都五頃田。

然後兼賣所居宅，髣髴獲緡二三千。
半與爾充衣食費，半與吾供酒肉錢。
吾今已年七十一，眼昏鬚白頭風眩。
但恐此錢用不盡，即先朝露歸夜泉。
未歸且住亦不惡，飢餐樂飲安穩眠。
死生無可無不可，達哉達哉白樂天！

達哉樂天行　六十二、七、廿六

人生三境界

「昨夜西風凋碧樹，獨上高樓，望盡天涯路。」（有高瞻遠矚也）

「衣帶漸寬終不悔，為伊消得人憔悴。」（費力苦幹也）

「眾裏尋他千百度，驀然回首，那人卻在燈火闌珊處。」（成功立業受人重視也）

王國維 詞喻

跋

一、本書，作者於病後策畫，能順利印行問世，有多位相關人士的熱心協助，深深覺得榮幸，也由衷感謝。

二、對於歌詞得獎作品，能榮獲教育部、台北市政府等單位的推廣（前者印成專輯叢書，讓它「深入推廣至各社會層面」，後者於作曲家許德舉（庭麟）先生配曲後印製了三萬份，並由市立交響樂團於頒獎時在國父紀念館演奏，而於本書即將付梓之時，教育部認爲此舉「對推廣藝文教育有所助益，並樂見其成」函勉，心感難忘。

三、本書採取最審愼的編、校、印過程，所使用廣受大眾歡迎的中文（漢字正體），希望能得到讀者的肯定。

四、本書採用西元紀年，乃基於外交、文化、貿易等等國際化的大方向，「墨趣」部分仍以中華民國紀年，保持作品原貌。

五、本書計有現代詩89首，傳統詩77首，包括應用詩聯題詞，總計有一百七十六篇之多，如將未定稿及未收錄在本書之內者計入，應在兩百首以上。

六、年屆雙七，壯心未已，尤其感謝醫、護、親人的助我健康，深盼能有餘力再編散文集，也再寫作，讓蜉蝣此生，續現螢光。

林詩治　二〇〇六、五、六

附錄

著者已出版重要作品

專題研究

公文改革與撰作原則（服務單位評爲可作「教材」並蒙記功授獎）
歷史科字音的研究（國語日報語文周刊）
地理科字音的研究（同右）
姓氏變音字例（中國語文月刊）
歌詞寫作（含得獎作品及本書所載初稿）
標準字、標準語（一銀月刊社）

編著（註譯）書目

歌詞及詩文小集（台北市文獻委員會印行・台北文獻抽印本）
古今文選（國語日報・西湖雜記等篇）
學友辭典（台北學友書局）
古文觀止（國語注音、台南正言出版社）
古今名作文選（同右）
國文譯讀指導（附「文言怎樣語譯」專文・自印）

國文科閱讀測驗大全（台南南一書局）
高中國文菁華及測驗（台南南一書局）
名人治家菁華（王安博神父函讚肯定・自印）
山常青水長流（百載親思兩岸情・自印・未對外發行）